日経文庫
NIKKEI BUNKO

ベーシック会社法入門〈第8版〉

宍戸善一

日本経済新聞出版

まえがき

　本書は1991年の初版以来，重要な会社法改正がある
ごとに改訂を行ってきました。この第8版も，2019年
改正を反映させるとともに，全体を見直し，初版以来の
フレームワークを維持しながら，日本企業，日本企業を
取り巻く環境変化，および会社法学の進歩を取り入れる
べく，改訂を行いました。

　本書は，会社法の全体像を把握する最短距離を目指す
とともに，より高度な考える学習への手がかりを提供し
ようとするものです。初学者が体系的に知識を消化しや
すいように，また各種試験に向けて会社法を勉強しよう
とする人も効率的にポイントを押さえやすいように，全
体の配列を工夫し，わかりにくい箇所の説明にはとくに
留意しました。コラムでは，会社法学習に必須の専門用
語の解説や最新の重要課題の紹介を行いました。読者の
便宜を期し，索引も充実させました。

　会社法は，会社という企業組織に関するルールを定め
るものです。学生ベンチャーからトヨタ自動車に至るま
で，大小様々な企業が，会社法の定めるルールに従って
運営されています。そして，日々変化する企業を対象と
する会社法も，それに応じた変化を遂げてきました。

　わが国の会社法の起源は，1872年の国立銀行条例に
あるといわれています。1899年に制定された商法典に
会社法が入ってからでも，120年の歴史がありますが，
その間，会社法ほど多くの改正が行われた法律は他に例
がありません。最近では，1997年以来，急速に進んだ

規制緩和改正の集大成ともいえる 2005 年会社法が，商法典から独立して制定されました。2014 年には，コーポレート・ガバナンスや親子会社に関して，2019 年にも，社外取締役や役員報酬・会社補償等に関して重要な改正がなされました。

会社法を理解する近道は，各条文の適用対象となる事象の具体的イメージをつかむことです。本書では，具体的なイメージから出発して法制度について考えることができるように工夫し，会社法のルールを単に解説するだけでなく，随所に会社システムについて考えるヒントを盛り込みました。また，より高度な学習への手がかりを提供するよう留意しながら，日々変化しつつある日本企業の姿を浮かび上がらせるよう努力しました。

会社法の定めるシステムは決して唯一自明のものではなく，未解決の課題を多く含んでいます。現実の日本企業の姿は，会社法のみによって作られたものではなく，企業を構成するヒト・モノ・カネの関係は，会社法，その他の関連諸法，各資源の背景にある市場の環境，さらには，企業が存在する社会の文化の影響を受けて，形成され，変化していくものです。新聞（とくに日本経済新聞）・雑誌等のメディアが提供する情報にも注意し，企業および会社法について考えるきっかけを探してみて下さい。

本書で引用した判例は，事件名に，『会社法判例百選〔第 4 版〕』（有斐閣）に載っているものはその判例番号を（たとえば，「八幡製鉄所政治献金事件②」のように），そうでないものには搭載判例集の頁を付しました。

初版以来，飯田秀総，岩倉正和，江口高顕，大崎貞

和，大杉謙一，小出篤，田中亘，藤田友敬，宮島英昭，弥永真生，吉村一男，吉村政穂，渡辺徹也の各氏より有益なご意見をいただきました。第6版の改訂では，藤野洋氏，第7版および今回の改訂では，武田信宏氏に，校正等に関するご協力をいただきました。日経BP日本経済新聞出版本部の堀口祐介氏には，初版以来，筆者を温かく見守っていただきました。最後になりましたが，ここで皆様に厚く御礼申し上げます。

2020年4月

宍戸　善一

[COLUMN]

プロローグ

　会社はビジネス・システムの主役です。現代の多くの経済活動は，会社内で行われる生産と会社間で行われる取引の組み合わせからなっています。会社法は，効率的な会社組織作りと，会社をめぐる人々の対立する利害の調整を受け持つ法です。

　経済社会の急速な変化に伴い会社法も改正を繰り返してきましたが，まだまだ問題点は残っています。本書では，現代の経済社会の中で最も重要な役割を果たしている株式会社を中心に，会社法に定められた理論的なシステムと会社の実態を比べ，「法と現実」のくい違いに触れながら法理論を概説します。

　ひとことでいえば，会社はヒト・モノ・カネの組み合わせです。会社は法的な人格を与えられ，あたかも普通の人間のように法にもとづいた生活を営むことができますが，現実に会社を動かすのは生身の人間（ヒト）です。また，会社が生産活動を営むためには生産設備や原材料（モノ）が不可欠であり，それらの生産要素（ヒトやモノ）を調達するには資金（カネ）が必要です。

　企業活動は，資金（カネ）を事業に投下して（モノに換える），回収する（カネに戻す）サイクルの繰り返しですから，どこから資金を調達するか，企業活動より生じた果実をどのように分配するのか，資金の提供（出資）と会社の支配をどのように関連付けるのかなどは会社組織に関する根本的な問題点です。会社支配権の取得は，気に入った経営者を選出できるということであり，ひい

ては，会社財産の処分権限を取得することを意味します。実際に会社の経営を行う経営者はどのような義務を負っているのか，経営者をどのように監督したらよいのかも会社法上の重要な課題です。

　オーソドックスな会社法の教科書は，会社法の定めた設立，株式，機関，新株発行，計算……という順に従って説明します。本書は，読者に会社法の全体像をより早く理解していただくために，あえて，会社法の順番にとらわれない構成をとりました。

　まず第1章では，「学生企業家」A君をモデルに，わが国において選択可能な8つの企業形態のそれぞれの特徴を説明し，さらに一般的に，会社をめぐる利害関係人としてどのような人々が登場するか，そのうちのどの利害対立の調整が会社法の役割であり，その他の関係については，どのような法が担当するかを明らかにします。

　第2章では，各パートの細かい説明に入る前に，株式会社システムの全体像のデッサンを提示します。そして，そのような法的なシステムと会社の実態とが必ずしもかみ合っていないという問題点を指摘するため，上場会社と非上場会社という「2つの種類」の株式会社の存在に触れます。

　第3章では，株式会社システムを実際に動かすために必要な会社の機関について述べます。株式会社は，「機関の分化」を重要な特徴としています。わかりやすく説明するために，従来の説明の順番とは逆にピラミッド構造の上から，代表取締役，取締役会および監査役，株主総会の順に解説します。ここでは株式会社のヒトの要素を考えます。

　第4章では，株主による出資と会社支配とをつなぐ役
割を果たしている株式という概念について考えます。ま
た，株式と有価証券制度との関係，および上場会社法の
一部を構成していると考えられる金融商品取引法につい
ても簡単に触れます。

　第5章では，わが国企業の資金調達行動の特徴を示し
ながら株式会社が有する資金調達の手段と，それぞれの
選択肢の問題点を解説します。会社の支配や，経営陣に
対するモニタリングなどの問題にも触れますが，基本的
に株式会社のカネの要素について説明します。

　第6章では，企業活動の果実をどのように確定し，分
配するかという，利益処分ないし損失処理をめぐる利害
対立の調整を扱います。損失処理との関連で，倒産処理
法および有限責任原則の修正についても触れます。

　第6章の中心は，会社法を勉強する際に最大の難所と
される計算に関する部分ですが，その理解のカギとなる
点について簡潔に説き明かすように努めました。

　最後に第7章では，会社の組織自体の変動を取り扱い
ます。会社の生（設立）と死（解散）および融合（合併）
と分裂（分割）などについて説明します。

■ 全体の流れとポイント

1. 企業活動と法

1. 8つの企業形態のうち，会社には，合名会社，合資会社，株式会社，合同会社があります。会社とは，資金を調達して運用し，利益を追求する社団法人です。
2. 会社をめぐって利害が対立する人々の間を調整するために，会社法をはじめ，様々な法があります。

2. 株式会社とは

1. ヒト・モノ・カネの3つの要素から，おおまかに説明します。
   ◆ヒトとは，代表取締役，取締役（会），株主（総会）などをさします。
   ◆モノとカネとは，会社の資産，負債，資本をさし，貸借対照表に簡明に表現されます。
   ◆株主の出資は株式を買うという形で行われ，その権利には議決権も含まれ，経営陣を選べる支配権につながります。
2. 株式会社法は，上場会社を念頭に置いて作られたものと，非上場会社を念頭に置いて作られたものに分けられます。

4. 株式の役割

1. 株式とは，誰でも簡単に会社に出資できるように，株主（出資者）の地位を何千万株にも均一に細分化・単位化したものです。
   ◆株主総会において，1株は1票となり，資本多数決の原則により取締役を選任します。
   ◆債権者にとってあてにできるのは会社財産だけなので，資本金に相当する財産から株主に配当することはできません。◆一般的な株式を普通株といい，ほかに利益配当や議決権などに関して内容の異なった株式を発行できます。
2. 株式の譲渡によって出資を回収します。
   ◆株主が出資を回収する手段を確保するために株式譲渡自由の原則がありますが，法律や定款によって制限されることがあります。
   ◆健全・活発な証券市場を保つために，情報開示による投資家の保護を第一目的とした金融商品取引法があります。

7. 会社の組織変動

1. 株式会社の設立は発起人が中心に行います。定款の作成，社員の確定（出資の確保），機関の選任を経て，設立登記を行うと会社が誕生（法人格の取得）します。
2. 会社は，合併によって組織を大きくしたり，分割によって組織を細かく分けることもできます。

3. 株式会社の機関

1. 株式会社は，代表取締役，取締役会，監査役，株主総会などの各機関によって権限を分担し，統一のとれた経営を行います。
2. 取締役会によって取締役の中から選任される代表取締役の行為は，会社の行為とみなされます。
3. 取締役会は，重要な業務執行について決定し，代表取締役を選任・監督します。
4. 会計・業務を監督する監査役のほか，大会社では外部の専門家による会計監査が必要です。
5. 株主総会は取締役を選任する会社の最高意思決定機関ですが，万能の機関ではありません。
6. 監査役に代えて社外取締役による監督を目指す指名委員会等設置会社・監査等委員会設置会社が導入されました。

5. 会社の資金調達手段

1. 会社の資金調達の方法は，他人資本（銀行借入，社債発行）と自己資本（新株発行，内部資金）による調達に大別されます。社債発行と新株発行は取締役会で決定されます。外部資金は直接金融（社債発行，新株発行－証券がらみ）と間接金融（銀行・生保からの借入）にも分類できます。
2. 社債は会社が債券の発行によって負担する債務です。普通社債，転換社債，ワラント社債があります。
3. 新株発行とは，会社の成立後に株式を発行することです。株主割当増資，公募増資，第三者割当増資があります。

6. 損益の計算と分配

1. 会社法の計算の規定は，剰余金配当をめぐる債権者と株主の間の利害対立を調整することを主たる目的としています。
2. 貸借対照表は決算日における会社の財務状況を静止画像で捉えたものであり，損益計算書は1年間（営業年度）の収益と費用を一覧表にまとめた会社の成績表です。
3. 株主に対する分配可能額は，貸借対照表にもとづいて算出されます。
4. 債務超過など，会社が倒産状況に陥った場合は，破産手続きや会社更生手続きなどに移行します。

第1章

企業活動と法

会社法とは企業の組織に関する法です。会社とは営利を目的とする社団法人です。会社には，合名会社，合資会社，合同会社，株式会社があり，資金の集め方，債権者に対する社員の責任などにそれぞれ特徴があります。会社をめぐる人々の対立する利害を調整するために会社法が必要です。

1 企業活動を営むための制度

　大学生のA君は，夏休みのアルバイト体験をヒント
にして，独立して便利屋業を起こそうと考えました。そ
こでA君は，「引っ越し，掃除，草むしり，順番取り，
草野球の助っ人等，何でもお手伝いいたします。お気軽
にご相談下さい。料金低廉」というビラを印刷して近所
に配り，その名も「吉祥寺便利屋センター」と決めまし
た。

　現行法は，一般的な企業活動のために，次の8つの企
業形態を用意しています。

　　①個人企業　②組合　③匿名組合　④有限責任事業
　　組合　⑤合名会社　⑥合資会社　⑦合同会社　⑧株
　　式会社

　これらの企業形態は，現実に企業活動を営む時に，人
を使う，仲間（共同経営者）を募る，会社の名で取引す
る，出資を募る，より広く出資を募る，小規模事業主も
有限責任を享受する——といった必要性が生じることか
ら，法が企業の発展段階に応じて用意した制度です。そ
れぞれの企業形態がこのような必要性をどのようにカ
バーしていくかを，とくに起業家の視点から考えてみま
しょう。

(1)　会社以外の企業形態
個人企業——人を使う

　A君が，会社の設立登記等の法的手続きを一切行わ
なくても，とにかく企業活動を始めれば，これは個人企

業です。

　個人企業では，企業主である A 君は，その経営に関し自分一人で決定し，儲けはすべて自分のものにすることができます。その代わり損失も自分一人で負担することになります。

　まず A 君は引っ越し業をするために 500 万円のトラックを買いました。アルバイトで稼いだ 200 万円の自己資金だけでは足りなかったので，残りの 300 万円は父親から借りました。その後も事業が拡大するにつれて何かとお金が必要となり，銀行などからも借金を重ねるようになりました。

　ここで A 君の事業が失敗して借金を返せなくなれば，銀行などの債権者は営業用の財産であるトラックを差し押さえることができるのはもちろん，A 君の私的財産（たとえば A 君のマンション）まで差し押さえることができます。A 君は所有するすべての財産を放出しなければなりません。逆に A 君が私的生活（たとえばギャンブル）のために消費者金融から借金をしていたとすると，私的生活から生じた債権者（消費者金融）は A 君の私的財産のみならず，営業用財産（トラック）まで差し押さえることができます。

　商売がうまくいくにつれ，A 君一人では注文をこなしきれなくなりました。個人企業が発展する段階でどうしても必要なのは人を使うことです。まず，従業員として運転手を雇うことになり，雇用契約を結びます。さらに進んで，A 君が近くに支店を出し，友人の B 君を支店長に任命したとすれば，B 君は商法 20 条の「支配人」となり，A 君に代わり支店の営業に関する一切の裁判

上および裁判外の行為をなす権限を持つことになります（商法 21 条）。

民法上の組合——仲間（共同経営者）を募る

A 君の便利屋業は順調に伸びていきました。しかし，個人企業形態のままこれ以上業務を拡大するには，資金調達，人材採用の両面で制約があります。そこで A 君は共同経営者（パートナー）を探そうと思い，親友の C 君を誘いました。ここで，A 君と C 君との間に出資を行い，共同事業を営む合意があれば，組合契約が成立し（諾成契約），この 2 人の共同企業形態は民法上の組合とみなされます（民法 667 条 1 項）。出資者である A 君と C 君は組合の構成員（組合員）になります。民法上の組合は原初的な共同企業形態であるといえます。

ここでいう出資は，必ずしも 100 万円なら 100 万円のお金を A 君と C 君が出し合って共同企業に投下することとは限らず，パートナーとしてこの企業のために働くという労務出資でも，組合債権者に対する信用を上げるために組合員として名を連ねる，いわゆる信用出資でもかまいません（民法 667 条 2 項）。

A 君と C 君の関係は個人と個人の間で結ばれる契約関係であり，取引先などの第三者が出現した場合にも，その人と組合との関係は基本的には A 君，C 君との契約関係に分解されます。組合財産と組合構成員である A 君と C 君の関係は，それぞれが組合財産を共同で所有する関係（合有）になります。損益分配の割合は組合員間の契約によって決まりますが，そういう契約がなければ出資の割合によることになります（民法 674 条 1 項）。

組合債権者が金を返せといった場合，C 君は，まず組

合財産からとってくれとはいえませんが，私の分担は半分だけだといえます（分割債務）（民法674条，675条）。

経営（業務執行）に関しては，個人企業ではA君が全部自分一人で決定することができますが，組合等共同

Column

──── 労務出資とスウェット・エクイティ ────

　民法上の組合契約の当事者は労務を出資の目的にすることができ（民法667条2項），合名会社および合資会社の無限責任社員は，金銭等以外の出資をすることができます（会社法576条1項6号）。しかし，労務出資がされた場合に，金銭出資者と労務出資者の関係はどのようなものになるのかについて十分な議論はなされていませんでした。

　米シリコンバレーにおいては，ベンチャー・キャピタルが創業者グループに「スウェット・エクイティ（汗の取り分）」を認めることが一般的です。これは，将来の人的資本の拠出に対し，初めから残余財産分配請求権を含む完全な持分を与えることをせず，初めは，損益分配に関する参加権のみを与え，実際に人的資本の拠出が行われた分に対して，徐々に残余財産分配請求権を分配していくことによって，労務の提供者に適切なインセンティブを与えようとするものです。

　わが国でも，これと同じことは，民法上の組合等だけでなく，合同会社においては，損益分配割合を定款で定めることによって（会社法622条1項），また，株式会社においても，普通株式と種類株式の価格差を利用することによって可能です。ただし，このような実務に対する税法上の取り扱いが明確でないことが，わが国におけるスウェット・エクイティの普及を阻んでいましたが，近年，ベンチャー・キャピタル投資において，普通株式と種類株式の価格差を利用する事例が増えています。

企業形態になるとそうはいきません。業務執行の決定は原則として組合員の頭数の多数決によります（民法670条）。

(2)　法人格の取得を目指す

個人企業はもちろんですが，共同企業である組合も，対外的な関係では人が集まっているというだけで，組合員各人が対外的に契約を行う形で企業活動を行います。この場合，その企業の名前で，企業自身が第三者と取引をしたり，財産を所有することはできません。

この不便を解消するため，法人格という法的なテクニックがあります。A君とC君は，法人格の必要性を実感し，会社形態をとることを検討し始めました。

会社とは，法律的な意味では「営利を目的とする社団法人」（旧商法52条，54条1項）であるといわれますが，営利社団法人とはどういうことでしょう。

人の集まりを社団と呼びます（これに対して財産の集まりを財団と呼びます）。人の集まりといえば組合も人の集まりに違いありませんが，団体としての組織，機構を備えたものが社団であり，組合は構成員（組合員）が契約関係で直接結合する人の集まりです。そこではA君とC君は直接，契約関係で結ばれています。

これに対して社団の出資者である構成員は社員と呼ばれ，団体と構成員間の社員関係によって間接的に結合しています。すなわち会社を設立したA君とC君は同じ社団の社員であるという関係にあります（法律用語の社員は従業員を意味しないので注意）。

さらに，組合の場合には，各構成員は団体の財産の上

に合有権者としての物権的持分を持ちますが，社団では団体の財産は団体自身の所有に属することになり，構成員であるA君とC君は単に観念的持分を有するにすぎません。団体の資産はここではじめて構成員のA君，C君から離れて団体の財産として独立し，A君とC君は直接，財産に対する持分を処分することはできなくなります。

　会社法には，会社が社団であることを明示する規定がありません。合名会社を含む持分会社にも一人会社を許容したため，すべての会社において複数の社員の存在が要求されなくなったことに配慮したものと思われます。しかし，会社が，上記のような，社団としての人の結合を前提としていることに変わりはありません。

　次に，営利性とは，会社が利益をあげることを目的としており，かつ出資者である社員に対して利益の分配をすることをさします（会社法5条，105条2項）。社員は利益の分配を受ける権利，つまり剰余金配当請求権ないし残余財産分配請求権を固有権として持っています。

　会社は一般に利潤をあげる活動以外はしてはいけないのかが問題になることがありますが，「企業の社会的責任（CSR）」ということがいわれているように，社会通念に照らして妥当と思われる範囲で，慈善事業や研究教育活動などに貢献することは決して禁じられているわけではありません（八幡製鉄所政治献金事件②）。

　会社が営利社団法人であるという場合の3番目の要素となる法人格とは何でしょう。会社は法人である（会社法3条）というのは，会社が社員とは別個の，独立した権利主体であることを認めることにほかなりません。そ

のことによって法律関係の処理を円滑，簡単にすることが目論まれています。具体的には会社が権利義務の帰属点となり（たとえば財産を持つ），自分の名で訴え，訴えられることができます。

2　4種類の会社から選択する

　会社には，合名会社，合資会社，株式会社と，新しく導入された合同会社の4種類があります。会社法では，合名会社・合資会社・合同会社を併せて「持分会社」と呼び，多くの共通の規定が用いられています（会社法575条以下）。

(1)　合名会社——会社の名で取引する

　合名会社は会社の中で最も原始的なものです。企業としての組織を見ると，実質的には民法上の組合とほとんど変わりません。

　A君とC君が会社法所定の手続きに従って合名会社の設立の登記をすることにより，その会社には法人格が与えられ（会社法579条），「吉祥寺便利屋センター合名会社」という名前で取引し，会社の名前で財産を所有することができるようになります。

　合名会社の社員は，会社の債権者に対して無限の人的責任を負います。会社が倒産する，債権額に対して会社の財産では支払いきれないとなった場合には，足りない分はA君とC君が連帯して，私的財産まで放出して責任を負わなければなりません。組合の場合も合名会社の場合も無限の人的責任を負うというところは同じですが，

その意味が少し異なります。

　合名会社の社員は補充的責任を負えばよいのですが（会社法580条1項1・2号），組合員の責任は併存的責任です。合名会社の社員は会社債権者が借金を払えといった場合に，「自分に請求する前に会社の財産からとってくれ」といえますが，組合員はいえないということです。一方，組合員は分割責任を負うため，たとえば，A君とC君が50％ずつの割合で損益を分担するという定めになっていた場合，A君は組合の借金の半分までを自分で払えばよく，残りの半分はC君に請求してくれといえます（ただし，民法675条に注意）。しかし合名会社の社員の責任は，このような抗弁が許されない連帯責任（会社法580条1項）なのです。

　合名会社をはじめ持分会社の社員間の関係は組合に近いため，会社の業務執行などの内部的な問題には，原則として組合に関する民法の規定と同様の定めが置かれています。会社の業務は原則として全社員が行い，全社員が会社を対外的に代表することになります（会社法590条1項，599条）。ただし，定款で特定の社員を業務執行社員と決めることは可能です（会社法591条）。

　なお合名会社をはじめ持分会社には持分という概念が出てきます。持分の大きさは，どれだけ出資したかで決まるのが普通です。合名会社では労務出資や信用出資も可能ですから，労務や信用の出資に対してそれなりの持分を認めることは可能です（会社法576条1項6号）。また持分を第三者に譲渡することも可能になります。ただし譲渡に対しては，原則として，すべての社員の同意が必要です（会社法585条）。

また合名会社をはじめ持分会社の社員は退社が可能であり，その際には，会社から持分の払戻しを受けることになります（会社法606条，611条）。会社債権者に対して無限の人的責任を負う社員が存在する合名会社・合資会社では，会社の財産が社員に払い戻されたからといって，会社債権者が当然に損害を受けることにはなりません。

　これに対して，株式会社や合同会社のような，無限責任を負う社員が存在しない場合には，会社債権者にとってよりどころとなるものは会社財産しかありませんから，いったん払い込まれた出資を無限定に社員に払い戻すことは許されません。株式会社では，原則として，一定の手続き要件のもとで，剰余金の範囲内での払戻しのみ認められますが（140頁参照），合同会社では，債権者保護手続を経ることによって，剰余金の範囲を超えて払い戻すことを認めています（会社法632条，635条）。

(2)　合資会社──出資を募る

　経営を一緒にやっていくパートナーを求めるために組合や合名会社の制度がありましたが，さらにもう少し広く出資を募る，しかも出資だけを募る必要が生じてきます。その事業に対して出資をする気はあるが，自分でその会社の経営に参加することはできない，あるいはしたくないというような人（たとえば，A君のおじさんD氏）がいたとします。そういう人は，できるだけその出資にかかる責任を少なくしようと思うでしょう。

　ここに有限責任の概念が必要になります。合資会社は会社債権者に対して無限責任を負う社員と，有限責任し

か負わない社員とからなる会社です。

　有限責任社員は，その出資額を限度として会社の債務を弁済する責任を負います（会社法580条2項）。たとえ会社が倒産しても私的財産によって責任を負わなくてもよい社員ということです。事業が成功して利益を出せば，配当がもらえるだけでなく，持分の価値が上がるというキャピタル・ゲインを得られます。その代わり事業がうまくいかなければ，自分の出資が無駄になる危険は負わなくてはなりません。

　合資会社が合名会社と違うのは，一部の社員の責任が有限であることで，それを除けば合名会社と同じです。会社法では，ともに持分会社として，ほとんど共通の規定が用いられています。合資会社の有限責任社員がいなくなった時には，合名会社となる定款変更をしたものとみなされます（会社法639条1項）。

　有限責任社員であるD氏は，事業のことはA君とC君に任せるつもりでいます。かつては，有限責任社員は事業に対して口を挟むことはできませんでしたが（旧商法156条），会社法では，有限責任社員も業務執行社員になることができます（会社法590条1項）。

　ただし，有限責任社員が，自己を無限責任社員と誤認させる行為をした時は，対外的に無限責任を負わせられる可能性があります（会社法588条）。大枚のお金をA君とC君に預けた出資者であるD氏の不安を緩和するため，非業務執行社員にも業務執行についての監視権が与えられています（会社法592条）。

　A君とC君のように，出資をし，かつ自ら経営を行う人々を機能資本家と呼び，D氏のように，出資のみを

行い，経営には参加しない人々を無機能資本家と呼びます。有限責任は，無機能資本家を引き付けるために必須の制度です。

(3) 株式会社——より広く出資を募る

事業を開始するに当たって多額の資本を必要とする場

Column

—— 匿名組合 ——

合資会社の起源は匿名組合（商法535条）にあります。中世の地中海貿易では，船を出してアジアからコショウを輸入するのは大変な危険を伴う代わりに大きな利益がありました。このような場合に，投資はしたいが自分で事業はできない人が匿名組合員になったのです。

これは合資会社の有限責任社員に相当するものですが，匿名組合の場合は，出資者相互間のつながりや組合財産は形成されず，合資会社とも民法上の組合とも異なっています。

匿名組合は，営業者と各匿名組合員との間の共同事業に対するある種の出資契約であり，匿名組合員が3人いれば3つの匿名組合契約があるだけで，匿名組合員間のつながりはありませんが，「契約の束」を見ると，ある種の組織形態としての実質を有しています。

匿名組合員が行った出資は，営業者の財産になります。税法上，営業者が匿名組合員に対してなす利益配当は営業者の費用として控除でき，匿名組合員も，条件を満たせば，匿名組合に生じた損益を自己の損益として計上することが可能です（構成員課税（パススルー課税））。匿名組合は，今日においても，ジョイント・ベンチャーから，エンジェル投資ないしクラウドファンディングの受け皿まで，広い利用可能性があります。

合に，一般の投資家から広く資金を集める必要が生じます。その要求にこたえる制度として株式会社が登場しました。

　第1の特徴は，出資者である株主（株式会社の社員）の有限責任です。人的無限責任を覚悟で，自分が経営するわけでもない会社に出資する人はまず存在しません。広く投資家から資金を得ようとした場合には，どうしても株主の有限責任を確立しなくてはなりません（会社法104条）。ただし株主は有限責任の代償を支払わなくてはなりません。それが資本維持の原則です。

　社員が有限責任しか負わない会社では，会社債権者は社員に対してその責任を問うことはできませんから，唯一の引き当てとなるのは会社財産です。会社債権者に対する引き当てとしての一定の財産を維持するために考えられた制度が，資本金という制度です。

　持分会社とは違い，株式会社では，出資の払い戻しを請求する権利が株主に当然には認められていません。さらに株主に対して配当可能な剰余金の額も厳しく規制されています（会社法461条）。

　第2に，株式会社では出資の払い戻しを請求する権利が株主に当然には認められていないため，より広く出資を募るには，株主が持分を譲渡して出資を回収する道を確保することが必要です。株主には，法的に株式譲渡の自由が保障されていますが，株式譲渡の自由といっても，現実に株式の流通市場がなければ，それは絵に描いた餅です。この点はあとで述べる非上場会社（閉鎖会社）の最大の問題点です。株式は持分を細分化し，単位化したもので，それを株券という有価証券に表章して，容易に

譲渡できるようにしました。さらに，会社法では，株券を前提とせずに株式の譲渡を行うことが原則となり，上場会社においては，電子的な振替制度によって，株式の譲渡をより迅速に行えるようになりました。

広く経済制度として株式会社制度を生かすためには，証券市場を充実させなくてはなりません。証券市場には発行市場と流通市場の2つがあります。

発行市場は会社が新たに株式を発行して広く投資家から出資を募るものですが，会社が新株を発行して資本を募るためには，新株を引き受けた人がその株式を売ろうと思えばいつでも売れるような流通市場の存在が不可欠であり，さもなければ発行市場自体が存立しえません。

この点から上場企業に関しては投資家保護を図る必要があり，また新たに株式を買う人やこれから株式を売ろうという株主が，会社の収益状況や財務状況などについて十分な情報を得られるようなディスクロージャー（企業内容の開示）制度が必要になってきます。これは金融商品取引法の役割です（143頁以下参照）。

第3に，広く出資を募り大規模な企業経営を行うためには，専門の経営者が必要になります。A君とC君がパートナーとして2人で企業を運営してきた段階では，その2人が経営者でありかつ会社の所有者（オーナー）でしたから，専門の経営者を雇う必要はありませんでした。しかし規模が大きくなると，実際に経営する人とその会社を所有する人がどうしても分かれてきます。これが「所有と経営の分離」という現象です。

株式会社では所有と経営の分離を前提として，所有者である株主の意思を確認する株主総会のほかに，株主を

代理して経営を行う取締役によって構成される取締役会
という機関が設置されます。

　ところで，A 君と C 君は，便利屋事業のノウハウを
マニュアル化することに成功し，全国にチェーン展開す
ることをもくろむようになりました。そのためには巨額
の資金調達が必要で，これまでのような親族や友人だけ
でなく，ベンチャー・キャピタル等の外部からの出資を

Column

― ベンチャー・キャピタルと投資事業有限責任組合（LPS）―

　成長するために外部からの出資を受け入れ，近い将来
における株式の公開を目標とするベンチャー企業に出資
し，大きなリスクをとりながら，高いキャピタル・ゲイ
ンを追求する専門の投資家をベンチャー・キャピタルと
呼びます。

　ベンチャー・キャピタルは，種類株式等を利用したベ
ンチャー・キャピタル投資契約によって，また，様々な
形で経営に参加するなどの人的貢献を行って，投資リス
クを軽減し，ベンチャー企業の成長を促進しようとしま
す。

　ベンチャー・キャピタルはファンドを組成して，資金
調達を行いますが，ファンドの受け皿としては，投資事
業有限責任組合（LPS）が多く用いられています。機関
投資家等が有限責任組合員（LP）として資金を拠出し，
ベンチャー・キャピタルが無限責任組合員（GP）とし
て資金の運用に当たります。

　投資事業有限責任組合は，投資家の有限責任，ファン
ド運営の自由が確保され，パススルー課税が適用される
組織形態として，1998 年に導入されましたが，一定の
投資事業にのみ利用可能です。

受け入れることを検討し始めました。「吉祥寺便利屋セ
ンター」は個人間の共同事業ないし同族企業から，ベン
チャー企業へと大きな変貌を遂げることになりそうです。

　このような，成長するために外部からの出資を受け入
れ，近い将来において株式公開することを目標にするベ
ンチャー企業の組織形態には株式会社が適しています。

(4)　取締役会非設置会社
——有限会社型株式会社

　会社法の制定に伴い，有限会社は廃止され，有限会
社の制度は実質的に株式会社に吸収されました。

　有限会社の制度は19世紀末にドイツで作られ，その
後各国においてよく利用されました。有限会社制度は，
有限責任の利益を享受したいという小規模事業主の要求
を反映しています。わが国でも，ドイツにならった有限
会社の制度が1938年に導入され，小規模事業形態に適
した制度として活用されてきました（改正前，わが国に
は，株式会社約150万7000，有限会社約98万6000，合
名・合資・相互会社約3万2500が存在していました）。

　会社法のもとでは，新たに有限会社を設立することは
認められませんが，既存の有限会社は，商号中に「有限
会社」の文字を用い続けることによって，従前の有限会
社の特色をほぼそのまま維持することができます（特例
有限会社）。

　会社法では，従前の有限会社の特色を継承した取締役
会非設置会社が，株式会社の最も単純な形態として導入
されました。取締役会非設置会社には，取締役会設置会
社（会社法2条7号）に比して，以下のような特色があ

ります。

　その第1は，実質的には合名会社あるいは組合に近い小企業が運営しやすいような簡略な組織形態が定められていることです。取締役は1人で済み（会社法326条1項），取締役会という制度もありません。株主総会は必要ですが，監査役の設置も任意です（同条2項）。取締役会設置会社と異なり，旧有限会社同様，株主総会はあらゆる事項について決議できる万能の機関とされています（会社法295条1項）。

　第2に，定款自治の範囲が広いことがあげられます。自分たちで話し合って決められることが多いのです。会社を設立する場合は，会社の組織的活動の根本規則を定めた株主間の合意書である定款を作ることが必要ですが，その定款の作り方によって株主間関係のいろいろなバリエーションを作り出すことが可能です。

　また株式会社においては出資に応じた一株一議決権が原則ですが（会社法308条1項），取締役会非設置会社では，合意が成立すれば，株主ごとに異なる議決権の定めをすることができ，資本多数決の原則をとらずに，株主の頭数の多数決によると定めることも可能です（会社法109条2項）。このような議決権の属人的な定めの可能性は，取締役会非設置会社に限らず，非公開会社一般に拡大されました。

　決算公告義務が免除されない，取締役および監査役の任期が制限されるなど，いくつかの点で，従前の有限会社法よりも規制が強化されていますが，逆に，従来，企業成長の限界を画していた制度が撤廃されたものもあります。かつては，社員の数が50人に限定され，持分に

関して証券を発行したり社員を公募したりすることは禁止され，社債の発行ができないなどの制限がありましたが，これらについても，他の株式会社と同じ扱いになりました。

(5) 株式会社以外の有限責任企業形態——合同会社（LLC）と有限責任事業組合（LLP）

2005年に，合同会社（会社法575条，576条4項）および有限責任事業組合（有限責任事業組合契約法）という，株式会社以外でも，すべての構成員が有限責任を享受できる企業形態が生まれました。

会社法において，合名会社・合資会社とともに，「持分会社」（会社法575条以下）の一つとして規定されていることからもわかるように，合同会社は，構成員（社員）間の内部関係は組合に準じて，出資者（社員）が原則として自ら業務執行を行い，重要事項の決定は，原則として，社員の全員一致で行います。ただし，対外的に無限責任を負う社員が存在しないことから，ほぼ，株式会社と同一の債権者保護の規定が置かれています。もっとも，現物出資に検査役調査が要求されず，決算公告の義務がなく，大会社の規模になっても会計監査人を設置する必要がありません。

合同会社の画期的なところは，構成員全員が有限責任の利益を享受しながら，内部関係に関しては，ほぼ完全な定款自治が認められていることです。取締役会非設置会社と比べても，社員総会や取締役を置く必要すらなく，持分の譲渡制限や業務執行社員の責任限定などについても，より広範な定款自治が認められます〔株式会社

の設立時に要求される公証人による定款認証（会社法
30条1項）も必要ありません〕。

　合同会社の株式会社との最大の違いは，「やむを得な
い事由」がある場合には，各社員に退社（持分払戻し）
の自由が保障されていることです（会社法606条3項）。
この退社権は，債権者保護手続ないし清算類似の手続を
とることにより，財源の制約にもかからない強力なもの
です。また，合同会社から株式会社への組織変更も，全
員の合意があれば，あらかじめ定めた条件に係らせるこ
とも可能です（会社法781条1項）。

　有限責任事業組合は，構成員全員の有限責任や内部関
係に関する自治など，合同会社によく似ていますが，会
社ではなく組合であることから，法人課税ではなく，構
成員課税（法人税との二重課税を回避できるだけでなく，
共同事業の損失を構成員段階で損益通算することが可能
です）がなされるところに魅力があります。

　ただし，その反面，法人格がないことによるいくつか
の不都合があり，また，構成員課税の濫用を防ぐ観点か
ら，すべての組合員が業務執行者でなくてはならないと
いう強い共同事業性が要求されます。

　以上のように，今日では，株式会社でも取締役会非設
置会社という簡易な組織形態が利用可能になっただけで
なく，さらに簡易で，自由な組織設計が可能な有限責任
企業形態として，合同会社と有限責任事業組合という選
択肢が加わりましたから，これから起業しようという人
にとっての現実的な企業形態の選択肢は，この3つのど
れかということになるでしょう。

　合同会社や有限責任事業組合は，とくに，ジョイン

ト・ベンチャー（合弁会社）などの共同事業の受け皿として適していますが，多くの人々になじみが深い株式会社が，今のところ，圧倒的なシェアを誇っています。

以下本書では，企業形態として，今日の経済社会において最も重要な役割を果たしている株式会社に焦点を当て，その法制度が有する様々な問題点を検討します。

3　会社をめぐる利害関係人と関係諸法

会社をめぐってどのような利害関係人が存在するかを考えてみましょう（図1-1）。

会社法で株式会社の組織を考える場合には，基本的には経営者と株主だけを考えています。本当は重要な利害関係人である従業員はどこに位置するのかというと，従業員は会社と雇用契約で結ばれている人々として，会社組織の外に位置付けられています（ただし，今日では多くの会社で従業員持株制度が利用されており，従業員が同時に株主であることも少なくありません）。

企業が経済活動をしていくためには資金が必要です。もちろん，株主は出資を行いますが，株主の出資だけで企業の経済活動が営まれることはほとんどありません。お金を貸してくれる人々を求めることになります。その代表的なものが銀行です。また，一定規模以上の企業では，社債を発行することによって，一般投資家から資金を集めることも可能です。このような銀行や社債権者は，企業に対して債権者の立場に立ちます。

株式が公開市場で売買される上場会社を中心とする公開企業の場合には，株主だけでなく，潜在的な株主であ

図1-1 企業をめぐる利害関係人と関係諸法

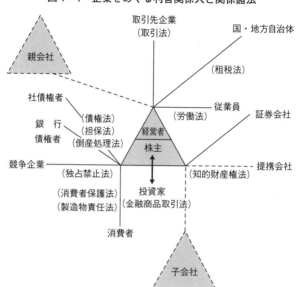

る投資家にも配慮しなければなりません。企業の発行する株式や社債を引き受けて売りさばき，それらに投資する人々を仲介する機関として証券会社があります。

　会社が毎日の企業活動を通して付き合うのは，取引先企業です。たとえばメーカーであれば，原材料納入業者や販売業者と取引を行います。現金決済ではなく，約束手形などによる信用の授受が行われる場合には，このメーカーは，納入業者に対しては債務者の立場に立ち，逆に販売先に対しては債権者の立場に立つことになります。また，物流の関係では運送業者や倉庫業者，さらに，企業活動に伴う様々なリスクを回避するために，保

険業者との取引も不可欠です。

　現代の経済社会では企業と企業との関係は非常に複雑に入り組んでいるので，単に取引先企業とだけ付き合っていれば済むわけではありません。現代は M&A（企業の合併・買収，203 頁参照）が盛んな時代ですから，この企業の支配権を他の企業が買収するかもしれません。そうすると，この企業は親会社を持つに至ります。また逆に，この企業がどこか別の企業を買って，親会社の立場に立つかもしれません。とくにわが国では，下段で述

Column

— 株式相互持合いの解消と株式所有構造の変化 —

　株式相互持合いは，会社同士が相互に相手の株式を取得し，かつ，株式を保有し続けるシステムです。資本自由化による外資の参入に備え，1960 年代中頃から 70 年代初めにかけて，旧財閥系企業間で，銀行を中心に相互に数パーセントずつ株式を持ち合う慣行が急速に進められ，わが国の多くの上場企業では少なくとも過半数の株式が「安定化」されました。

　水平的系列は，アウトサイダー株主による経営介入を防ぐ仕組みとして用いられてきましたが，1997 年の金融危機以降，銀行が持合株式を放出したことにより，株式相互持合いの解消が急速に進んできました。2000 年代に入り，上場企業全体の株式保有構造は，アウトサイダー株主がインサイダー株主を逆転するに至り，とくに外国人株主（とくに機関投資家）の比率が急上昇しています（図 A 参照）。2015 年のコーポレートガバナンス・コードの公表と 2018 年の改訂により持合い解消の動きはさらに加速されています。

　ただし，株式所有構造の変化は一様に進んでいるので

べるように株式相互持合いと呼ばれる慣習が発達しており，親子会社関係とは異なる企業間の密接な関係が成立しています。イコールパートナーとして対等に他の企業と提携することも頻繁に行われています。その代表的な例がジョイント・ベンチャー（合弁会社）です。また，パートナーだけでなく，同じ業界の競争企業との関係も重要です。

　製造業，サービス業を問わず，企業にとって消費者は常に重要な存在です。消費者市場における熾烈な企業間

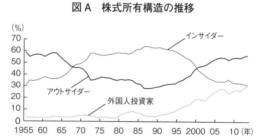

図A　株式所有構造の推移

（原出所）　東京証券取引所『株式分布状況調査』より宮島英昭氏作成
（出所）　宮島英昭「企業統治改革に向けて」『月刊資本市場』2014年12月号
（注）　調査対象は，全国証券取引所上場会社（旧店頭市場を除き，マザーズ，ジャスダック，ヘラクレス等の新興市場を含む）。保有比率は，原則，市場価格ベースで計算されたものを表示。インサイダーは，都銀・地銀等，生損保，その他金融機関，事業法人等の保有比率合計。アウトサイダーは，外国人，個人，投資信託，年金信託の保有比率合計

はなく，日本の上場企業は，持合いをほぼ解消し，市場によるガバナンスを受け入れるようになった企業群と，むしろ持合いを強化し，依然としてメインバンクに依存する企業群とに分化しています。

の競争が，企業活動の効率性を維持，向上させる源泉だからです。法律問題としては，企業の製造物責任が問われた場合に，消費者は民法上の不法行為債権者の立場に立つことがあります。また，悪質な売り込みから消費者を守るために消費者保護法が整備されてきたのも，最近の傾向といえましょう。

　忘れてならないのは，国，地方公共団体との関係です。もちろん，企業はいろいろな事業活動を行う上で，業法による規制や行政指導による監督を受けていますが，一番大事な関係は租税を納めることです。

　会社組織で利益をあげると，その3分の1は国，地方公共団体に法人税等として納めなければなりません。あるいは最近のように，国際化社会になると，大企業に限らず中小企業も海外に出かけたり，海外直接投資を行うようになります。そうすると，その企業は日本だけでなく，外国の政府，外国の地方公共団体とも同じような意味で付き合っていかなければなりません。

　また，今日では，環境問題や文化的活動，さらには政治的活動を通じて，企業が地域コミュニティや社会全体に貢献していこうという動きが見られます。その意味では，企業と直接には契約関係で結ばれていない人々も，広い意味での企業の利害関係人となることもありえます。とくに2010年代以降，気候変動や人権問題などの世界的な社会課題の顕在化に伴い，持続可能な世界の実現のために，企業に環境・社会・ガバナンスの3つの要素（ESG）に配慮した経営を求める動きが進展しています。

　以上のように，企業をめぐる利害関係人は様々です。その間の利害対立を調整するために，多くの法が用意さ

れています。その中で会社法は，主として，経営者と株主との役割分担，株主と会社債権者および株主間の利害の調整を行うことを目的としています。投資家保護を目的とした金融商品取引法も，情報開示に関しては上場会社にとって会社法の一部と考えることもできるでしょう。

　もちろん，今日，企業が直面する諸問題を総合的に理解するためには，会社法を学ぶだけでは足りず，関係諸法の理解を深める努力も欠かせません。経営者以外の人的資本の拠出者である従業員の権利を保護する労働法，企業経営が破綻した場合の利害調整のルールを定める倒産処理法，経営者をはじめ利害関係人のインセンティブに大きな影響を与える税法，市場における競争の確保を

Column

────── 企業提携とジョイント・ベンチャー ──────

　現代の企業はお互いに競争するだけでなく，様々な形の協力関係を結んでいます。企業提携は契約によっても行うことができますが，提携企業が出資しあい，かつ経営にも参加する組織形態がジョイント・ベンチャーです。

　一般の株式会社と比較して，ジョイント・ベンチャーでは少数派パートナーにも取締役の議席や重要事項に対する拒否権を与えるなど，契約によって資本多数決の原則が修正されているのが特徴です。

　ジョイント・ベンチャーは，各パートナー間の長所と短所を補完しあうことによって大きなシナジー効果を得ることができますが，パートナー間に利益相反関係が内在していることが多く，常に内部紛争の危険があります。合同会社（LLC）と有限責任事業組合（LLP）は，ジョイント・ベンチャーにうってつけの企業形態です。

目的とし，企業活動に実質的な影響を与える独占禁止法，企業活動によって生み出される技術・ノウハウなどの無形の資産に対する権利・義務を定める知的財産権法などは，広い意味での企業に関する法です。また，民法はもとより，商行為法，保険法，手形法，消費者保護法，製造物責任法なども企業活動の重要な前提です。

第 2 章

株式会社とは

株式会社は，多くの人々から資金を調達できる形態で，株式を上場している上場会社とそうでない非上場会社の2つがあります。株式会社には，①株主有限責任，②株式譲渡の自由，③所有と経営の分離，の3つの原則があります。旧商法は上場会社を前提に作られていたので非上場会社にはなじまない部分がありましたが，会社法は，それを改め，有限会社型株式会社を原則とする書き方になっています。

1 株式会社システムのデッサン

　株式会社の細かい部分について述べる前に，おおまか
なデッサンを描いてみましょう。株式会社システムの核
心は，ヒトとモノとカネの組み合わせをどのようにうま
く運用していくかということに尽きます。企業活動を営
む上でヒトとモノとカネは不可欠の経営資源です。これ
らが株式会社というシステムの中にどのようにビルトイ
ンされているかを，見ていきましょう。

(1)　代表取締役，取締役会，株主総会
（ヒトに着目した構造）

　ヒトに着目した株式会社の構造を描くと図2-1のよ
うになります。このピラミッドは大きく3つの層に分け
られます。便宜上ピラミッドの頂点に経営者（代表取締
役，指名委員会等設置会社では執行役）を置きます。2
番目の層は取締役会で，あるいはヒトに着目すれば取締
役会のメンバーである取締役になります。一番下の層に
置いた株主は，会社の機関としての株主総会を構成して
います。この3層のピラミッド構造（上の方が偉いとい
う趣旨ではありません）は，ほとんどの資本主義諸国に
共通のシステムです。

　株式会社の理念型に則して，このピラミッドの下の方
から説明しましょう。株主は出資を行って会社の構成員
となった者であり，会社の所有者です。会社の所有者で
ある株主は，まず自分たちに代わって会社の経営をして
くれる取締役（ボードメンバー）を選任します。これは

図2-1　ヒトに着目した株式会社の構造

株主の最も重要な権限です。そのほかに合併，解散，会社の目的の変更など，会社の基本的事項の決定について最終的な承認権を持っています。

　株主によって選任された取締役は，取締役会という会議体を構成します。この取締役会は，重要な経営判断を行い，経営者を選任し，監督するという役割を持っています。

　経営者は，取締役会によって選任されます。監査役（会）設置会社および監査等委員会設置会社では，取締役会メンバーの中から代表取締役が選ばれます。指名委員会等設置会社では，執行役は必ずしも取締役会のメンバーである必要はありません。代表取締役（代表執行役）は会社を対外的に代表し，業務の執行を行います。日常的な業務に関する経営判断はこのレベルで行えますが，非常に重要なものは取締役会の承認を得なければなりません。

　このように，①会社の所有者としての株主が取締役を選任し，会社の基本的事項の決定についての最終的な承

認権を持つ，②監督機関としての取締役会が代表取締役（執行役）を選任し，監督し，重要な経営判断を行う，③執行部としての代表取締役（代表執行役）が会社を対外的に代表し，業務の執行を行うというシステムが，ほとんど万国共通のシステムです。

監督機関の仕組みは国によってバリエーションがあり，英米では，業務執行を行わない社外取締役が，日本では，監査役が，経営者に対するモニタリングの中心的役割を担ってきましたが，今日では日本でも，監査役会設置会社だけでなく，社外取締役によるモニタリングを前提とする指名委員会等設置会社や監査等委員会設置会社を選択することが可能です。

(2) 資産，負債，資本
（モノとカネに着目した構造）

次に，モノとカネの面に着目した株式会社の構造を簡明に表現したものとして貸借対照表（バランス・シート）を眺めてみましょう（図2-2）。貸借対照表は損益計算書（173頁参照）と並ぶ計算書類の二本柱であり，会社財産の状態を表した一覧表です。

貸借対照表の左側半分，資産の部は，現在，会社が財産をどのような形で保有しているかを表しています。そこから会社が，どのように資金を運用しているか，どういうところに力を入れて経営を行っているのかがわかります。貸借対照表の左側は，株式会社のモノの要素を表しています。

これに対して右半分は，左半分で示した会社財産を取得する資金をどういう形で調達したかを示しています。

図2-2　モノ・カネに着目した会社の構造

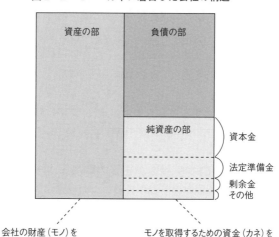

会社の財産 (モノ) を
どのような形で保有しているか

モノを取得するための資金 (カネ) を
どういう形で調達したか

借金をして調達した部分が負債の部です。これは銀行か
らの借入，あるいは大きな会社であれば社債を発行して
一般の投資家から借り入れたのかもしれません。

　資産の部から負債の部を差し引いた残りの部分を純資
産の部と呼びます。会社債権者に返済しなくてもよい部
分ですから，株主の持分といえそうですが，この中には，
評価・換算差額等や自己株式など，厳密には株主のもの
とはいえない部分も含まれています。

　本来の意味での株主の持分，すなわち，借入ではなく
出資を募って（会社が株式を投資家に売って）得たお
金，および会社があげた利益の合計を，株主資本と呼び
ます。この株主資本は，資本金，法定準備金，剰余金に
分けることができます（会社計算規則76条）。

しかし，株主が株主資本を全部自由に使えるわけではありません。株主有限責任の原則に対応して，ある一定の資本金および法定準備金から分配を受けるわけにはいきません（資本維持の原則）。それを積み終わって残った分は，分配可能利益として株主の間で分配（剰余金配当）できます（ただし，剰余金配当を行わないで会社の中に内部留保することもできます）。貸借対照表の右側は，株式会社におけるカネの要素を表しています。

(3)　会社の支配構造と出資の関係

　ヒトに着目した会社の支配構造（ピラミッド構造）とモノとカネに着目した会社の財務構造（バランスシート）は，どのように結び付いているのでしょうか（図2-3）。

ヒト・モノ・カネ

　支配権とは会社を自分の思う通りに経営できることです。自分の思う通りに会社を経営するためには，取締役会を握ることが必要です。会社の業務執行を行うのは直接的には代表取締役（執行役）ですが，代表取締役（執行役）を選任し，重要な業務執行に対する意思決定を行うのは取締役会ですから，取締役会を支配できれば，会社財産の処分権を含む会社の支配権を取得できます。

　株式会社には「資本多数決の原則」という重要な概念があります。資本多数決の原則とは，発行済み株式総数の過半数の株式を有する者がすべての取締役を独占できることをさします。株主総会における決議は，原則として出席した株主が持っている株式の総数の過半数によってなされます。すなわち比例代表制ではなく，オール・オア・ナッシングの世界です（123頁参照）。

図2-3　ヒト・モノ・カネの相互関係

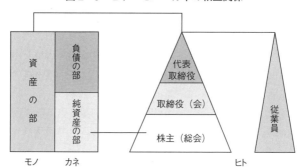

ただし，思う通りに経営できるとはいっても，そこに
はもちろんある程度の制限があります。たとえば会社を
自分の私的な利益のために食い物にするようなことは許
されないといった，支配株主の行為規制原理があり（114
頁以下参照），少数株主が支配株主に対抗するための法
的手段もある程度用意されています（115頁以下参照）。

では，出資と支配はどのように結び付いているのでし
ょうか。株主が株式を買うという形で出資が行われます
が，株式には株主総会における議決権が付いています。
1株は1議決権を持ち，それ以上でもそれ以下でもあり
ません（一株一議決権の原則）。

この一株一議決権の原則と先ほどの資本多数決の原則
とが結び付いて，株式の過半数を制した者がその会社の
支配権を持つという関係ができあがります。このように
して，株式が出資と支配をつないでいるのです。

ただし，2001年・02年商法改正から05年の会社法制
定に至るまでの種類株式などの自由化は，出資と支配の

関係を自由に設計できる方向を示しており，資本多数決の原則や一株一議決権の原則から乖離する余地が広がったことに注意する必要があります。

株式は，剰余金配当請求権と残余財産分配請求権を中心とする「自益権」と，議決権を中心とした「共益権」という2つの異なった性格の権利を表し，あるいは，株主の会社に対する経済的利益と支配的利益の両方を一身に具現しているということができます。以上のような株

Column

―――― コーポレート・ガバナンス ――――

　企業を運営するためには，物的資本と人的資本の両方が必要です。コーポレート・ファイナンスは，いかに物的資本を調達するかを課題とし，コーポレート・ガバナンスは，物的資本や人的資本の主要な提供者間の関係をいかに構築するかを課題としています。この「主要な提供者」をどこまで広くとるかで，狭義と広義のコーポレート・ガバナンスに分かれます。

　伝統的な狭義のコーポレート・ガバナンスは，株主が会社の所有者であることを前提に，その代理人である経営者をいかにモニタリングするかを主要な論点としています。株式所有が分散化して，一人ひとりの株主は実質的な発言権を持たない上場企業において，経営者が委任状機構に支えられた実質的会社支配を維持する「経営者支配」の状況にいかに対処するかという問題意識から出発した議論です。

　これに対して，株主が所有者であることを当然の前提とせず，会社を，従業員や債権者などを含むステークホルダー（利害関係人）間の交渉の場と捉える，広義のコーポレート・ガバナンスが最近盛んに論じられています。

式という権利を，目に見える紙と結び付けた有価証券である株券を発行することもできます（もっとも2009年以降，上場会社の株式は電子化されています（135頁参照））。株券は利益権証券であるとともに支配権証券でもあります（第4章参照）。

株主同様会社の経営資金の提供者である債権者や，株式会社における重要なヒトの要素を構成する従業員は，会社の支配に影響力を持たないのが，株式会社法制度の原則です。もちろん，実際には，債権者や従業員が経営者に対する事実上の影響力を持つことは少なくありませんが，株主の場合，会社法がその経営者に対する発言権を担保しているということができます。

2　上場会社と非上場会社

株式会社は，株式を発行することによって，大勢の出資者（株主）から幅広く資金を集めることができます。これから述べようとしている株式会社法は，もともとは一定規模以上の大企業，とりわけ上場会社を念頭に置いて作られたものです。

それゆえ，このような上場会社をイメージして作られた株式会社法を，そのまま非上場会社に適用しようとすると，いろいろうまくいかないことも出てきます。ここでは「法と現実の乖離」について考えてみましょう。

上場会社とは，株式の流通市場を有する会社のことです。具体的には，証券取引所に上場している会社です。非上場会社（あるいは閉鎖会社ともいいます）とは，上場会社ではない，株式の流通市場を有しない会社です。

なお，会社法では，従来，一般に，上場会社を意味する概念として用いられていた「公開会社」を，定款による株式譲渡制限を付さない株式を（一種類でも）発行している株式会社（会社法2条5号）という意味で用いていますので，注意が必要です。

　現在，日本には約250万社の株式会社があります。そのうち上場会社は約4000社ですから，株式会社のうちのほとんどは非上場会社であるといえます。また，一口に上場会社といっても，株式所有構造や企業規模の観点からは千差万別であることに注意する必要があります。

　上場会社には不特定多数の株主がいることが必要条件ですが，過半数の議決権を保有する支配株主ないし実質的な経営権を有する大株主が存在する上場会社は珍しくありません。日本には，親会社を有する上場子会社や，創業家が大株主として影響力を維持しているファミリー企業が数多く存在しています。分散した株式所有構造を前提に大株主でない経営者が経営を行っている典型的な上場企業は，全体の3分の1程度しかありません。

　一般に，大企業イコール上場会社，中小企業イコール非上場会社と思われがちですが，諸外国では大企業でも上場していない方がむしろ多く，日本は大企業が上場する傾向が国際的に見て強いといわれています。

　また，様々な法規制等に対応するための上場コストが，以前より高くなってきたため，上場基準を満たすようになっても，上場しないという選択をする企業が増えてきており，マネジメント・バイアウト（MBO）のように，いったん上場した会社の経営陣が自主的に非公開化する例も見られます。他方，上場するためには，一定の基準

を満たすことが必要ですが，ベンチャー企業等のための
新興市場も用意されたため，大企業とはいえない規模の
企業が上場することも可能になりました。

　第1章（29頁以下参照）で株式会社制度の3つの特
徴（株主有限責任・株式譲渡の自由・所有と経営の分
離）について述べましたが，そのような株式会社法の理
念が非上場会社にはうまく当てはまりません。

　非上場会社の一番の問題点は株式の流通市場がないこ
とです。株主は株式を売ろうと思っても売れずに会社の
中に閉じ込められてしまいます。ここでは株式譲渡自由
の原則は絵に描いた餅です。

　A君とC君が一緒に会社を作ったという第1章で述
べた話を続けましょう。最初はA君とC君は親友でし
たから一緒に会社の経営もし，将来仲違いすることなど
は夢にも思いませんでした。しかし，仲のよかった共同
経営者が年月を経るに従って険悪な間柄になるというこ
とは，世の中にいくらでもあることです。

　仮にA君の方が会社の支配権を握っていたとしまし
ょう。過半数の株式を所有して経営権を握っているA
君は，取締役であったC君を取締役の地位から解任し
て，役員報酬を得る道をふさぐこともできます。また，
会社が儲かっていたとしても剰余金配当を行わずに，C
君が仮にその会社の50％近い株式を保有していても，C
君をほとんど一片の利益も得られない状態に追い込むこ
ともできます。

　その会社が上場会社であったとすれば，C君は市場で
株式を売却して何らかの投下資本を回収することが可能
です。また，その会社が合同会社などの持分会社であっ

たとすれば，退社することによって持分の払戻しを受けられるので，現時点における企業価値の持分割合相当分を手に入れることができます。

しかし，原則として，株主は株式会社に対して，株式を買い取ってくれと請求する権利はありません。またA君に対して買ってくれと申し出たとしても，A君は「私は欲しくない」と断るか，「(C君が思っているよりも）ずっと安い金額なら買う」というでしょう。非上場株式会社の場合には，C君は半数近くの持分を有しながらほとんど何も得られないということになりそうです。

また，「所有と経営の分離」も，ほとんどの非上場会社では株主イコール経営者であり，所有と経営は一致するため，所有と経営の分離を前提とした株式会社制度の規定の多くが無用になっています。

たとえば年1回株主総会を必ず開かなくてはいけないとか，株主総会とは別に取締役会を開かなくてはいけないという制度は必ずしも必要ありません〔会社法では，取締役会を設置しない，有限会社型の株式会社（取締役会非設置会社）も認められています〕。

実際，ほとんどの非上場会社では，株主総会は開かれていません。あるいは取締役会も開いたことがないかもしれません。ただ議事録だけを作文するというような会社が非常に多いのです（たとえば，向陽マンション事件㊴)。会社の中で内部紛争が生じたような場合には，少数派となった株主がそのような会社法違反を攻撃して，必ずしも内部紛争の解決に直結しない訴訟を数多く裁判所に提起するという現象も見られます（たとえば，有限会社ケンコー薬品事件・民集32巻5号888頁)。

　株主有限責任の原則も，中小企業にこれを当てはめると，いろいろ不合理な場合が生じてくることもあります。

　株主有限責任の原則が認められるということは，その企業活動のリスクに見合った資本金の大きさの会社を作るということが前提です。しかし，実際には過小資本の株式会社が多く，また，株式会社形態を隠れみのにして詐欺（または詐害行為）に近いことを行う経営者もあとを絶ちません（188 頁以下参照）。

第3章

株式会社の機関

株式会社の機関とは，株主総会，取締役会，代表取締役，監査役等をさします。株主総会が取締役を選出し，取締役からなる取締役会が代表取締役を選任します。取締役会は監査役とともに代表取締役を監督します。株主総会は会社の最高意思決定機関ですが，日常の決定は取締役会や代表取締役が行い，株主総会の決議は基本的事項に限られます。会社法では，機関の種類が増え，多様な組み合わせが認められるようになりました。

1 機関の分化と意思決定

　会社は法人格を取得することによって，権利義務の帰属主体となり，生きている一人の人間（自然人）のように行動することが可能になります。しかし，法人格とはあくまでも法的なフィクションにすぎず，実際に会社を動かすのは生身の人間です。会社は実際にどのようにして動くのでしょうか。

　会社が統一のとれた行動をするためには，一定の権限を有する自然人ないし自然人の集合が権限の範囲内で行った意思決定または行為が，会社の意思または行為と認められることが必要です。そのような権限を与えられた自然人ないし自然人の集合を，「会社の機関」と呼びます。

　会社法では，旧商法に比べ，機関構成の選択肢が大きく広がりましたが，一定の規制はあります。閉鎖性基準と規模基準で機関構成の選択肢を整理できます。

　閉鎖性基準では，発行するすべての株式に譲渡制限が付いている会社を「非公開会社」と呼び，一種類でも譲渡制限が付いていない株式を発行している会社を「公開会社」と呼びます（会社法2条5号）。規模基準では，資本金5億円以上または負債総額200億円以上の会社を「大会社」と呼び（会社法2条6号），それより小さい会社と区別します。

　非公開会社は，従来の有限会社を吸収したこともあり，取締役だけで，取締役会を設置しない会社が認められていますが（取締役会非設置会社），公開会社では，

取締役会を必ず設置しなくてはなりません。

　大会社は，債権者保護の観点から，会計監査人の設置が義務付けられますが，その場合，同時に監査役も必要になります（指名委員会等設置会社および監査等委員会設置会社を除く）。大会社でなくても，指名委員会等設置会社ないし監査等委員会設置会社を選択できるようになり，非公開会社である大会社（上場会社の子会社等）では，取締役会および監査役会が必須ではなくなりました。また，すべての株式会社で，会計参与を置くことができます（表 3-1 参照）。

　以下，わが国において伝統的な株式会社の機関構成〔株主総会，取締役会，代表取締役および監査役（大会社かつ公開会社においては，さらに監査役会）〕を前提に，各機関の存在意義および相互関係を考えてみましょう（指名委員会等設置会社および監査等委員会設置会社の機関構成については別に記します）。

　株式会社の特徴の一つは，機関が分化していることです。単に会社を動かすという観点からは，必ずしも機関の分化は必要ではありません。たとえば，合同会社等の持分会社では原則として各社員が会社の機関であり業務の執行を行うことができます。しかし，不特定多数の株主が存在する株式会社では，すべての株主が会社の経営に参加することは不可能であり，誰か特定の人に経営を任せなければならなくなります。

　そこで登場するのが，第 2 章で述べたピラミッド構造です。会社の共同所有者である株主は，株主総会という機関を構成し，それは最低年 1 回開催されます。株主総会においては基本的事項に関して会社の意思を決定しま

表3-1 機関構成の選択肢

		非大会社 [1]	大会社
非公開会社 [2]	非取締役会設置会社 [3]	①取締役 ②取締役＋監査役 [4] ③取締役＋監査役 　＋会計監査人	⑪取締役＋監査役 　＋会計監査人
	取締役会設置会社	④取締役会＋会計参与 [5] ⑤取締役会＋監査役 [4] ⑥取締役会＋監査役会 ⑦取締役会＋監査役 　＋会計監査人 ⑧取締役会＋監査役会 　＋会計監査人 ⑨取締役会＋指名委員会等 　＋会計監査人 ⑩取締役会＋監査等委員会 　＋会計監査人	⑫取締役会＋監査役 　＋会計監査人 ⑬取締役会＋監査役会 　＋会計監査人 ⑭取締役会＋指名委員会等 　＋会計監査人 ⑮取締役会＋監査等委員会 　＋会計監査人
公開会社		⑯取締役会＋監査役 ⑰取締役会＋監査役会 ⑱取締役会＋監査役 　＋会計監査人 ⑲取締役会＋監査役会 　＋会計監査人 ⑳取締役会＋指名委員会等 　＋会計監査人 ㉑取締役会＋監査等委員会 　＋会計監査人	㉒取締役会＋監査役会 　＋会計監査人 ㉓取締役会＋指名委員会等 　＋会計監査人 ㉔取締役会＋監査等委員会 　＋会計監査人

(注)
1) 「大会社」(会社法2条6号)以外の会社をさします
2) 「公開会社」(会社法2条5号)以外の会社をさします。全株式に譲渡制限が付いた会社です
3) 「取締役会設置会社」(2条7号)以外の会社をさします。おおむね従来の有限会社に対応しています
4) 定款で,監査役の監査の範囲を会計監査に限定できますが(会社法389条1項),「監査役設置会社」(会社法2条9号)にはなりません
5) 会計参与は,これ以外にもすべての機関構成の会社に設置できます(会社法326条2項)

60

すが，その最も重要な役割は，株主に代わって会社を経営する取締役を選任することです。

　株主総会で選ばれた取締役は，取締役会という機関を構成し，重要な業務執行に関する意思決定を行います。しかし，取締役会は自ら業務執行を行うことはできず，そのメンバーの中から代表取締役という業務執行機関を選任します〔ただし，選定業務執行取締役（会社法363条1項2号）および取締役会非設置会社の取締役（会社法348条）も業務執行権限を有します〕。

　代表取締役が行った業務執行は，対外的に会社の行為であると認められることになります。また，代表取締役は，日常的な業務執行に関する意思決定をもあわせて行います。

　以上のように，会社の共同所有者である株主は，最終的には代表取締役に会社の経営を任せることになります。そして，取締役会および監査役（株主総会で選任）に代表取締役の業務執行を監督させます。

　このように株式会社制度本来の考え方は，株主総会が取締役を選任し，取締役会が代表取締役を選任する，そして，重要な意思決定ほど取締役会さらには株主総会へと下におりていくボトム・アップ型の構造です。

　しかし，大企業の実際の経営は会社のトップに立った代表取締役社長の支配力が極めて強く，社長が取締役を任命し，社長が行った業務執行に関する意思決定を取締役会または株主総会が追認するトップ・ダウン型の運営になっているといわれています。

　それでは，各機関の役割および問題点を，ピラミッドの上から順に見ていきましょう。

2 代表取締役の権限

　代表取締役は，会社の代表権を持ちます。すなわち，代表取締役が行った行為は対外的に会社の行為として認められるということです。代表取締役は社長一人であるとは限りません。会長や副社長も代表取締役になっている会社もあります。

　代表取締役の有する代表権は，会社の業務に関する一切の裁判上および裁判外の行為に及ぶ，包括的かつ不可制限的な権限です。代表取締役の代表権を制限しても，それを知らずに取引をした善意の第三者に対抗（代表権が制限されていることを理由に取引の無効などを主張）することはできません（会社法349条4項・5項）。

　代表取締役の代表権が包括的かつ不可制限的であるといっても，それは上位の機関である株主総会や取締役会の決議にもとづき，会社の利益のために行使されなくてはなりません。

　そこで，代表取締役が株主総会や取締役会の決議によらず，または決議に違反して行った行為（権限の逸脱），あるいは，個人的利益のために行った行為（権限濫用）の対外的効力が問題となりますが，取引の安全の考慮から，善意の第三者に対して会社は履行を拒むことができないと解されています（権限の逸脱や権限濫用の事実を知って取引した相手方に対しては，会社は履行を拒むことができます）。

　すなわち，会社と取引を行う者は，代表取締役を相手に取引をしていれば，原則としてあとから取引の効力を

覆されることはないということになります。

　誰が代表取締役であるかは登記を見ればわかりますが，会社と取引をする者に，取引のたびにいちいち登記によって代表権の有無を確認することを要求するのは（会社法908条1項はそれを要求しているように読めます）酷であり，実際的でもありません。そこで，会社法は，代表取締役らしい名称（社長，副社長等）を会社から与えられている者を代表取締役と信じて取引した相手方は，登記を確認していなかったとしても保護される旨の規定（会社法354条）を置いています（表見代表取締役）。

　会社法354条は，判例によってかなり広く類推適用

Column

―――――― 執行役員と執行役 ――――――

　執行役員は会社法に規定のある制度ではなく，取締役会の形骸化対策の一環として，実務において工夫されたものです。第1に，かつて上場会社のほとんどが実質的な議論ができないほど多くの取締役を有していたため，取締役会の意思決定機能は事実上常務会などが担っていました。第2に，取締役の多くが，事業部長など業務執行の責任者を兼ねていたため，監督する側とされる側の区別が不分明で，取締役会のモニタリング機能が果たされていませんでした。そこで，従来の使用人兼務取締役などを執行役員として，業務執行に専念させ，取締役の数を10名程度に減らして，取締役会の活性化を図る会社が増えています。これに対して，指名委員会等設置会社（98頁）の執行役は会社法上の業務執行機関であり，かつ取締役会決議事項の決定権限まで委譲されうる点において，執行役員とは大きく異なります。

（条文の趣旨に鑑み条文の定める法律効果を及ぼすこと）されています。本来の表見代表取締役は，平取締役が代表取締役であるかのような肩書を使用することを認められていた場合に限られますが，判例はさらに，従業員が代表取締役であるかのような肩書を許されている場合についても同条を類推適用しています（ミヤマ製紙事件・民集14巻12号2499頁）。ただし相手方に重過失がある場合には会社は責任を負いません（明倫産業事件㊴）。

　また，代表取締役を選任する取締役会決議が無効であった場合には，決議の時にさかのぼって，その代表取締役には代表権がなかったことになりますが，善意の第三者は選任登記がある場合は会社法908条2項で，登記がない場合には会社法354条の類推適用で保護されます。

3　取締役会と取締役

⑴　取締役会の役割

　ピラミッドの2番目の層にあるのが，取締役会という機関です。株主総会において株主から選任された取締役が集まって取締役会を構成し，①会社の業務執行の決定，②取締役の職務の執行の監督，および，③代表取締役の選定および解職を行います（会社法362条2項）。

決議事項と監督権限

　代表取締役の選定（会社法362条2項3号・3項），総会の招集（会社法298条4項），新株（募集株式）の発行（公開会社の場合，会社法201条1項），取締役の競業取引または利益相反取引の承認（会社法365条）などは，会社法で個別的に定められている重要な取締役会

の決議事項です。

　その他一般的な取締役会の決議事項については，会社法362条4項が，定款などによっても代表取締役に委任できない事項として，7つの類型，①重要な財産の処分および譲り受け（奈良屋事件⑥），②多額の借財，③支配人その他の重要な使用人の選任および解任，④支店その他の重要な組織の設置・変更・廃止，⑤社債の募集，⑥内部統制システムの整備，⑦役員等の責任の定款規定に基づく一部免除を示し，さらにその他の重要な業務執行を含むとして包括的な網をかぶせています。

　以上のような取締役会決議事項は，株主総会において株主自身が決定することにはなじまない，いわゆる経営判断に属する事項であり，かつ，代表取締役のみの判断に任せることが好ましくないと考えられてきたタイプの決議事項です。「その他の重要な業務執行」として何を取締役会で決議する必要があるかは，結局，具体的な事案および企業の規模などに応じて，判断していくほかはありません。近年，機動的な意思決定を可能にし，かつ，取締役会が真に重要な経営判断事項に関して議論を集中できるように，取締役会が決定しなければならない事項を絞り込み，特別取締役（会社法373条1項）や執行役（会社法416条3項・4項）に一定の範囲で決定権限を委任することを可能にする法改正が行われています。

　取締役会の権限には，重要な業務執行に関する意思決定のほかに監督権限があります。取締役会が代表取締役（およびその他の業務執行取締役）の行う業務執行を監督するということは，従業員を含む会社の事業全体を監督することになります。監督機関としてはほかに監査役

── マネージング・ボードとモニタリング・ボード ──

　従来のわが国の取締役会は，業務執行を行う取締役の
みで構成され，業務執行に関する重要な事項を決議する
「マネージング（業務執行）・ボード」であることを前提
に運営されてきました。それは，監査役（会）設置会社
の取締役会決議事項を見てもわかります。

　素人の社外取締役は役に立たないという議論は，マ
ネージング・ボードを前提にすれば理解できますが，経
営者からの独立性が高い社外取締役を選任すべきである
という議論は，執行と監督の分離という考え方に立ち，
経営者の監督を主たる任務とする「モニタリング・ボー
ド」を前提としたものです。

　指名委員会等設置会社は，取締役会決議事項の決定の
多くを経営者（執行役）に委任することを認め，取締役
会では，経営の基本方針等，モニタリング・ボードにふ
さわしい決議事項に絞って，社外取締役を含め，十分な
議論が尽くせるように設計されたものです。

　モニタリング・ボードの考え方を推し進めると，経営
者の選解任に社外取締役を関与させることになりますが，
過半数の社外取締役で構成される指名委員会が株主総会
に提出する取締役の選解任議案の内容を決定するという
仕組みが日本企業の経営陣に受け入れられず，指名委員
会等設置会社を採用する企業が少数にとどまったことか
ら，2014年改正において，より経営陣に受け入れられ
やすい形で，モニタリング・ボードを推奨する，監査等
委員会設置会社が導入されました。

　ただし，コアの従業員を中心としたボトムアップ型ガ
バナンス構造が一般的な日本の上場企業と，モニタリン
グ・ボードが最適な組み合わせか否かは，議論がありま
す。

があり，監査役の監査と取締役会の監督とは相互にオーバーラップする部分もありますが，監査役が，代表取締役の業務執行を適法か否かという観点から監査するのに対し，取締役会は，会社の利益を最大化するという観点から経営判断が妥当か否かの審査をも行います。

　このような監督権限を有効に行使するための手段として，取締役会は代表取締役の選定および解職の権限を有し，代表取締役〔およびその他の業務執行取締役（会社法 363 条 1 項 2 号，2 条 15 号）〕は取締役会に対して少なくとも四半期（3 カ月）に一度は定期報告をしなくてはなりません（会社法 363 条 2 項）。また，取締役が会社との競業行為あるいは利益相反取引を行う場合にも，取締役会に報告し，承認決議を得なければなりません（会社法 365 条）。

取締役会の進め方

　株式会社の機関のうち，取締役会と株主総会は会議体として機関となっています。会議体にはいくつかの共通の原則があります。取締役会に即して会議体の原則について考えてみましょう。

　会議を招集するにはまず，招集権者を誰にするかを決めておかなければなりません。招集権者を決めておかないと，各派閥が勝手に会議を開いたような場合に，どれが正当な会議であるかの区別がつかなくなります。取締役会の招集権者は定款で定めることができます。そのような定款の規定がない場合には，各取締役が招集権者となります（会社法 366 条 1 項）。

　また，定款で招集権者を社長と定めている場合にも，取締役一人ひとりは個人的に株主あるいは会社債権者に

対して責任を負っていますから，取締役会の決議をなす必要がある場合，あるいは代表取締役の行っている経営に重大な問題があり，それを取締役会の場で質さなければならないと考えた場合には，取締役会の招集を請求することができます。招集権者が一定期間内に取締役会の招集を行わない場合には，自ら取締役会を招集することができます（同条2項・3項）。なお，監査役（監査役設置会社以外の会社においては株主）も，一定の場合に，取締役会の招集を請求することができ，一定期間内に招集されない場合には，自ら招集することができます（会社法367条，383条2項・3項）。

　会議の招集に関しては，次に，招集手続きが問題となります。具体的には出席権者（取締役・監査役）に対して招集通知が正しく送付されることが重要です。

　招集通知を受け取らなかった会議の構成員は，その会議に出席する機会を失う危険が大きく，取締役会の場合は，取締役個人の利益だけでなく，その取締役を選んだ株主の利益も侵害される危険がありますから，招集通知を発しなかったことは取締役会決議の無効事由になります（小河内観光開発事件62の結論は疑問）。

　取締役会の招集通知は会議が行われる日の1週間前にされることが原則ですが，定款によってその期間を短縮することができ（会社368条1項），また，出席権者全員の同意によって招集手続きを省略することも可能です（同条2項）。これは，たとえば，毎月第3月曜日に定例会を開くと全員で合意している場合には，毎回招集通知を発しなくても実質的には支障がないからです。

　有効な会議を開催するためには，定足数が満たされて

いることが必要です。定足数の定めは，あまりにも少数
の人たちの意見で会議体の意思が決定されてしまうこと
を防ぐためのものです。取締役会の定足数は過半数であ
り，定款によってこの要件を加重することができますが，
軽減することはできません（会社法 369 条 1 項）。定足
数は開会の時ではなく決議の時に満たされていることが
必要です。

　会議の招集が正しく行われ，定足数も満たされて，会
議が有効に成立したとすると，次に問題になるのは議事
運営のやり方です。実際に議事運営を行うのは議長です
が，多くの会社では取締役会規則で社長ないし会長を取
締役会の議長と定めていますが，社外取締役を議長にす
る会社も増えています。議長の職務は決議に至る討論が
十分になされることを確保することで，その多くの部分
は議長の個人的裁量に委ねられています。

　ただし，そこには合理的な制限があり，議長が独断的
な議事運営を行い，取締役の質問に対して十分な答えを
しないままで強行採決をしたような場合には，著しく不
公正な手続きとして決議の無効原因となります。

　従来は，回覧板のようなものを回して判子を押しても
らう持ち回り決議は取締役会決議としては無効とされて
いましたが，会社法においては，定款の規定により，全
員が書面またはeメールで提案に賛成した場合には，監
査役が異議を述べた場合を除き，取締役会の決議があっ
たものとみなすことを認めました（書面決議）（会社法
370 条）。また，書面決議とは別に，テレビ会議や電話
会議などが可能であることも明らかにされました（会社
法施行規則 101 条 3 項 1 号）。業務執行取締役による定

期報告（会社法 363 条 2 項）は実際に会議を開かなくてはなりませんが，取締役会への報告事項を取締役・監査役全員に通知した場合は取締役会を開く必要がなくなりました（会社法 372 条）。

　会議において討議が煮詰まると決議が行われますが，取締役会では出席した取締役の頭数の過半数によって行われます（会社法 369 条 1 項）。これは，株式の過半数によって決議が行われる株主総会と大きく異なる点です。各取締役は各人の独立した判断で決議に参加し，専ら会社の利益のために議決権を行使しなくてはならないという忠実義務を負っています（会社法 355 条）。

　取締役会決議において注意すべきことは，その決議につき，特別利害関係を有する取締役は決議に参加することができないことです（会社法 369 条 2 項）。会社と取引を行おうとする取締役が取締役会の承認を得ようとするような場合が，その例としてあげられます。代表取締役の解任決議がなされる場合に解任されようとしている代表取締役は，この特別利害関係人に当たるか否かが問題となったことがあります（日東澱粉化学事件⑥）。

　最高裁判所はそのような取締役は特別利害関係人に当たり，決議に参加することはできないとしましたが，これには多くの批判があります。取締役の中で，代表取締役を誰にするかということは特別利害関係の問題というよりも支配権争いの問題であり，それを解決するには，むしろ勢力関係を決議にそのまま反映させることが望ましいともいえるからです。

　取締役会のような公式の会議では，議事録の作成が要求されます。取締役会の議事録は 10 年間本店に備え置

くことが要求されており，株主〔必要な場合には親会社
社員（株主）〕および債権者がこれを閲覧できます。た
だし，業務監査権限を有する監査役を設置しない会社の
株主以外は，無条件で見られるのではなく，正当な理由
があるかどうかを裁判所が判断します（会社法371条）。
株主総会の議事録と異なり，取締役会における討議は経
営上の機密にもかかわるので，誰にでも無条件で見せな
くてはならないということになると取締役会において実
質的な審議がなされなくなる可能性があるからです。

　違法な決議がなされた場合には，事後的な処理方法が
問題となります。違法な決議には，その内容が法令や定
款に違反するもの，また，招集手続きや議事運営手続き
が違法なものなどがあります。株主総会決議の場合は，
手続きの違法か内容の違法か，あるいは法令違反か定款
違反かによって，決議が無効とされるか取り消しうるも
のかなどに分かれますが（109頁参照），取締役会の決
議が違法な場合は一律に無効となります。

⑵　取締役の選任

　一人ひとりの取締役は会社の機関ではなく，取締役会
としてはじめて会社の機関を構成します（業務執行取締
役および取締役会非設置会社の取締役を除く）。しかし，
一人ひとりの取締役は，株主に代わって会社の経営を行
う者として株主総会によって選任された者であり，一人
ひとりが善管注意義務と忠実義務を負い（75頁参照），
それらの義務に違反した場合には会社や債権者や株主に
対して個人的な損害賠償責任を負うことがあります。

　会社の所有者である株主と，会社の経営を委任された

取締役との関係を考える上で，取締役の責任の問題は大変に重要なテーマです。

取締役会設置会社では，最低3人の取締役を選任することが必要ですが（会社法331条5項），これは取締役会という会議体を構成することを前提としているからです。取締役には，いくつかの欠格事由が定められているだけで（同条1項），逆に，定款で取締役を株主に限ることは，公開会社においては認められていません（同条2項）。また，競争会社の取締役を兼任することは，独占禁止法の制約を受けます（独禁法13条）。

従来の有限会社を引き継いだ取締役会非設置会社においては，取締役は1名でもかまいません（会社法326条1項）。また，取締役会非設置会社では，原則として各取締役が会社を代表し，代表取締役は選択的に置かれるだけです（会社法349条1項・3項）。

取締役の選任は，株主総会決議の中でもとくに重要なものなので，定款によっても総株主の議決権の3分の1未満に定足数を軽減することは認められません（会社法341条）。どれだけの株式を持っていれば取締役を選出できるのかということは，経営に参加する意思のある人には大変重要な問題です。

通常の決議方法では，選任される取締役につき個別に決議するため，株式の過半数を有している人がすべての取締役を独占できます。極端な例では，51％の株式を有している人がすべての取締役を独占し，49％を有している人は1人も取締役を選出できないことになります（資本多数決の原則）。

このようなオール・オア・ナッシングの原則に対して，

少数株主保護の観点から特別の決議方法として，会社法は，持株数に応じて取締役を選出する，比例代表制の考え方を反映した累積投票制度を認めています。ただし，定款でこの累積投票の制度を採用しないと定めておけば，累積投票はできません（会社法 342 条 1 項）。わが国のほとんどの会社は，累積投票制度を採用しないと定款に定めています。

　取締役の任期は 2 年以内で（正確には，「選任後 2 年以内に終了する事業年度のうち最終のものに関する定時株主総会の終結の時まで」）（会社法 332 条 1 項），同じ人が取締役を続ける場合でも 2 年ごとに再選を行わなければなりません。非公開会社では 10 年以内，指名委員

Column

── 累積投票制度 ──

　累積投票制度を利用すれば，株主総会において，たとえば 3 名の取締役を同時に選出する場合は，1 株について 3 票の議決権が各株主に与えられ，少数株主は自分たちの派の取締役候補者に集中して投票することによって自派の取締役を選出することが可能になります。26％の株式を有していれば 3 名のうち 1 人の取締役を選出できるということになります。会社法は累積投票制度をデフォルト・ルールとして定めていますが，ほとんどの会社は，経営に党派的対立が持ち込まれることを懸念して，定款でその適用を排除しています。比例代表制的な取締役の選出が行われるジョイント・ベンチャーでも，それは，累積投票制度ではなく，株主間契約で取り決められています。ただし，アメリカの大企業では，累積投票制度を採用している例も見られます。

会等設置会社・監査等委員会設置会社では1年以内です（同条6項・3項）。任期満了しても次の選任決議が行われない場合には，次の新任者が選任されるまで，前任者が取締役としての権利義務を持つことになっています（会社法346条1項）。

これは，取締役の職務の空白ができることを防ぐための規定ですが，同族会社などでは，改選期ごとの選任決議を怠っていたり，内部紛争の結果，新たな取締役選任決議ができなかったりして，この規定によって取締役の地位を保持し続けている者が少なくありません（そのような役員権利義務者の役員解任の訴えは認められないとした，協栄製作所事件⑬参照）。同じく欠員が生じた場合でも，死亡による場合はこの規定が使えませんので，そのような場合は，利害関係人が裁判所に仮取締役の選任を請求することができます（同条2項）。

取締役は，任期途中であっても株主総会によって解任することができます。従来は特別決議（出席株式の3分の2以上）によらなければなりませんでしたが，会社法では，定款に別段の定めを置かない限り，普通決議で解任できるようになりました。従来の決議要件では，敵対的企業買収に成功して過半数の議決権を取得しても，既存取締役の任期満了まで，取締役の入れ替えができないことになります。

任期途中で解任された取締役は，正当な理由がない場合には残余期間の報酬などについて損害賠償を請求することができます（会社法339条1項・2項）（正当な理由があるとして損害賠償請求を認めなかった，ロッテ事件・金判1547号42頁）。

(3)　取締役と会社との利益相反関係

利益相反と忠実義務

　取締役は株主に代わって会社の経営を行うことを委任された者であり，広範な裁量権限を認められています。取締役は，自らの経営判断にもとづき，会社の利益のために行った行為（法令違反行為を除く）の結果について，事後的に責任を問われないのが原則です（経営判断の原則）。

　仮に，その経営判断が誤りであり，結果的に会社に損害が生じたとしても，経営の専門家ではない裁判所が，事後的に，結果論で取締役の経営判断の内容を審査するのは不当であり，また，そのような危険があったのでは，取締役が企業価値を最大化する上で最適なリスクをとることが困難になってしまうからです〔ただし，わが国の裁判所は，取締役の広い裁量権限を認めながらも，経営判断の内容の審査も行っています（そごう事件・判時1886 号 111 頁，アパマン事件㊽参照）〕。

　しかし，以上のような取締役の裁量権限は，無制限に認められるものではありません。その歯止めとなるものとして，取締役は会社に対して善管注意義務と忠実義務という 2 つの種類の義務を負っています〔ただし，わが国の判例は両者を区別していません（八幡製鉄所政治献金事件②参照）〕。

　善管注意義務は委任関係一般に認められるものであり，受託者である取締役は，その業務を行うに当たり，適切な手続を踏み，能力に応じて最大限の努力を払うことが要求されています（会社法 330 条，民法 644 条）（銀行取締役の融資判断に関して，拓銀カブトデコム事件㊾

参照）。他の取締役に対する監視義務もこれに含まれ，不作為による責任が問題になります（大和銀行事件・判時1721号3頁）。

忠実義務（会社法355条）は，会社の利益と取締役の利益とが相反する場合（利益相反関係），取締役は常に会社の利益を優先しなくてはならないという義務です。

取締役と会社の間に利益相反関係がない場合には，取締役は，原則として，経営判断の原則によって守られますが，利益相反がある場合には忠実義務の問題となり，取締役の行為は，裁判所によって事後的にその公正さを審査されることがあります。会社法は，「会社のため」としていますが，それはすべての株主の利益を図ることを意味すると解されています（レックス・ホールディングス損害賠償請求事件㊾）。

取締役と会社との間に利益相反関係が生じる場合は様々ですが，会社法は，次の3つの利益相反ケースについて手続き的な規定を置いています。役員報酬（会社法361条），利益相反取引（会社法356条）および競業（会社法356条）です。

役員報酬の問題

最もわかりやすい利益相反の例は，役員報酬（退職慰労金等も含まれます）の決定でしょう（名古屋鉄道事件㊾）。仮に取締役が自らの報酬額を決められるとすれば，もちろんできるだけ多い方がよいわけです。しかし，取締役の報酬が過大であることは，会社あるいは株主の不利益となります。株主への配当可能利益の算定に当たって，役員報酬は費用の一つですから，費用が大きくなるほど株主の取り分は少なくなります。

　とりわけ，売上高に対する役員報酬額の割合が大きい中小企業においては，役員ポストをすべて押さえている支配株主と，それを持たない少数株主との間で実質的な利益をどのように分配するかで極めて深刻な対立が生じます。

Column

―― 役員報酬と経営者のインセンティブ ――

　たしかに，過大な役員報酬は株主の利益に反しますから，それを抑制する制度は必要ですが，役員報酬は少なければ少ないほどよいということではありません。あまりに低い報酬で経営者がやる気を失っては，かえって株主の利益になりませんから，適切な水準の報酬が支払われるようにすることが重要です。

　また，経営者に適切なインセンティブを与えるため，報酬額だけでなく，報酬の支払い方にも工夫が凝らされています。固定報酬の割合を減らし，業績連動型報酬の割合を増やすことや，経営者が株主の利益を最大化するインセンティブを持つよう，ストック・オプション等の株価と連動する報酬を取り入れたりする試みが行われています。

　同時に，役員報酬額の決定は，経営者に対する成績評価の側面もあります。指名委員会等設置会社における報酬委員会は，役員報酬が過大になることをチェックするというだけでなく，経営者の成績評価と適切なインセンティブ・システムの設計を行うことが期待されています。監査役会設置会社でも，任意に報酬委員会を設置する会社が増えてきました。また，株主・投資家の立場からは，経営者がどのようなインセンティブを持って経営に当たっているかは重要な情報ですので，役員報酬開示制度の整備は重要な課題です。

会社法は，取締役の報酬額は定款あるいは株主総会決議で決定するという手続き的規制を行い，「お手盛り」の弊害を防止しようとしています（会社法361条1項）。会社法は，従来は別個の手続きによるとされていた役員賞与やストック・オプションなども含めて，職務執行の対価として株主総会の承認を受けることを要求しています（会社法361条1項）。

　株主総会では役員報酬の総額についての限度額を決めれば足り，具体的に個々の取締役にいくら分配するかは取締役会に委ねることができ，さらに，取締役会が特定の取締役に一任することもできると解されています。また，個々の役員の報酬額は開示が義務付けられていませんが，上場会社に対して，1億円以上の報酬を受け取った個別の役員の氏名・金額について有価証券報告書による開示が義務付けられています（企業内容等の開示に関する内閣府令）。

　しかし，会社資産から出ていく役員報酬の総額が少なければ良いというものではなく，各取締役に適切な職務執行のインセンティブが付与されることが，株主にとって重要です。そこで，2019年会社法改正で，上場会社等において，取締役の個人別の報酬の内容が株主総会で決定されない場合には，取締役会は，その決定方針を定め，その概要等を開示しなければならないものとしました（会社法361条7項）。

　役員と支配株主がイコールであるような小規模な非上場会社においては，株主総会で役員報酬をチェックするという手続き的規制は何の意味も持ちません。内部紛争が生じているような場合に，この方法で少数株主の利益

が保護されることはほとんど期待できません。

　ただし，取締役である株主は役員報酬決議において，会社法831条1項3号にいう特別利害関係人に当たりますから，特別利害関係人の議決権行使によって著しく不当な決議が行われたことが立証できれば，その報酬決定決議の取り消しを求めることが可能です（109頁参照）。

利益相反取引

　第2の典型的な利益相反ケースが，利益相反取引です。会社法はこれに対して，事前に取締役会（取締役会非設置会社では株主総会）の承認が必要であるという手続きの規制を行っています（会社法356条1項2号・3号，365条）。

　利益相反取引には，①取締役が会社から製品を購入したり，取締役所有の不動産を会社に売却したりするような，取締役と会社との直接取引と，②会社が取締役の債務を保証するような，法形式的には当該取締役と会社との間には取引関係がないが，利益相反関係が生ずる間接取引との双方を含みます。

　会社法の規定は，取締役会の承認という手続きだけを定めており，実質的にその取引の内容が公正であることを保証する規定ではありません。取締役会の承認を得ずに行った利益相反取引は無効ですが，仮に，その取引内容が不公正なものであったとしても取締役会の承認があれば取引自体は有効です。

　ただし，取締役会の承認を得たとしても，その利益相反取引を行ったことにより会社に損害が生じた場合には，取引を行った取締役だけでなく，それを承認した取締役も会社に対して連帯して損害賠償責任を負います

（会社法 423 条 1 項・3 項，430 条）。

　従来は，単に承認した取締役の責任も含めて無過失責任と解されていましたが，会社法は，自己のために取引をした取締役のみが無過失責任を負い，他の取締役の責任は任務懈怠の推定を伴う過失責任であることを明らかにしました（会社法 428 条，423 条 3 項 2 号・3 号）。

　とくに，小規模な非上場会社においては，役員報酬の決定も利益相反取引も，株主間の経済的利害対立という観点からは共通の問題点を含んでいます。そのような会社においては，取締役である支配株主が，役員報酬や会社との取引を利用して実質的に会社から自分たちに所得を移転させ，少数株主の利益を侵害するということが往々にして行われます。

　取締役会の承認を得ずに行われた利益相反取引は無効ですが，その場合，善意の第三者の保護が必要です。

　たとえば，A 会社が取締役 B に振り出した手形を裏書譲渡された C や，A 会社が取締役 B のために C との間で債務引受契約を行ったような場合に，善意の第三者 C の保護が問題となります。

　このような場合に，判例は，いわゆる相対的無効説によって，A 会社が C に対しても取引が無効であることを対抗（主張）するためには，取締役会の承認がなかったこと，および C が取締役会の承認がなかったことを知っていたことを立証しなくてはならないと解しています（千石屋事件⑤，三栄電気事件⑥）。

競業取引の規制

　第 3 の典型的な利益相反ケースは競業です。会社法は，取締役が自己または第三者のために会社の事業の部

類に属する取引を行うには，重要な事実を開示した上で取締役会の承認を受けることが必要であるという手続き的規制を行っています（会社法356条1項1号）。これは，取締役が会社と競争関係に立つと，会社の利益よりも自らの利益を優先することになりがちだからです。

　たとえば，関東地方でお菓子の製造販売を行っている会社の取締役が，その会社が以前から進出を計画していた関西地区に自ら工場用敷地を購入し，お菓子の製造販売を行ったというケースを考えてみましょう。会社が以前から欲しがっていた工場敷地を自分で購入し，そこに工場などを建設して，お菓子の製造販売を行ったという一連の行為のうち，何が競業避止義務違反となるのでしょうか。

　工場敷地を購入したこと自体は一般的な忠実義務違反ではありますが，会社法356条1項1号の「株式会社の事業の部類に属する取引」には当たらず，それを利用してお菓子の製造販売業を行ったこと，実質的にはそれによって会社の得意先あるいは潜在的な得意先を奪ったことが，会社法で規制されている競業に当たると考えられます（山崎パン事件㊼）。

　しかし，会社法356条1項1号の規制を受けるのは，在任中の取締役に限られます。退任した取締役は，これに含まれません（退任後合理的な期間について競業避止契約を結ぶことは可能です）。また，実質的な問題となるのは取締役ではない支配株主が競業行為を行った場合ですが，これも同条で規制することはできません（合弁契約などでは主要株主の競業避止義務が定められることが通常です）。

競業取引の規制に違反した場合は，損害賠償についての特則があり，競業取引によって取締役が得た利益イコール損害であると推定されます（会社法 423 条 2 項）。取締役会の承認があった場合には損害額の推定は働きませんが，会社に損害が生じた場合には，その承認に免責の効果はありません。取締役会決議によってその取引が会社のためになされたものとみなすという介入権の制度は，会社法で廃止されました。

　取締役の競業取引も利益相反取引も，ともに取締役会の承認を要するという手続き的規制を行っていますが，その当然の前提として，取締役会に対して十分な情報の開示が行われることが必要です。仮にこの情報開示が十分でなかった場合には，その承認自体が無効となる可能性があります。また両方ともはたして取締役会による承認が有効なチェックになるのかどうかという問題があり，とくに非上場会社において，支配株主が取締役会を完全に支配しているような状況では，このような手続き的規制はあまり機能しないといえます。

(4)　取締役の責任と代表訴訟

取締役の会社に対する責任

　取締役は会社に対してどのような義務を負っているかについて検討してきましたが，取締役がその義務に違反すること（任務懈怠）によって会社が損害を被った場合には，取締役は会社に対して損害賠償責任を負います（会社法 423 条 1 項）。

　この任務懈怠には，前述した善管注意義務や忠実義務に違反した場合や，利益相反取引・競業取引（会社法

356 条 1 項）など会社法が個別の規定で禁じているもの
が含まれ，さらに，一般的な法令・定款違反も含まれま
す（野村証券事件㊼）。違法配当（会社法 462 条）およ
び利益供与（会社法 120 条 4 項）（103 頁参照）は，一
般の任務懈怠責任とは異なる特別の責任とされていま
す。

取締役の責任制限

　取締役（会計参与，監査役，執行役，会計監査人を含
む）の会社に対する責任は，以下のように，事後的な責
任免除・軽減および事前の責任限定が可能です。

　第 1 に，すべての株主の同意があれば，責任全部の事
後的な免除が可能です（会社法 424 条，462 条 3 項，
120 条 5 項）。

　第 2 に，取締役が善意無重過失の場合に限り（故意の
違法行為等は除かれます），株主総会の特別決議によっ
て（会社法 425 条，309 条 2 項 8 号），または事前に定
款で定めておけば，取締役会決議（取締役会非設置会社
においては，当該取締役を除く取締役の過半数の同意）
によって（取締役 2 名以上の監査役設置会社，指名委員
会等設置会社または監査等委員会設置会社に限る，会社
法 426 条），損害賠償額を一定限度まで（代表取締役に
ついては，報酬等，職務の対価の 6 年分，取締役は 4 年
分，社外取締役は 2 年分），事後的に軽減することがで
きます。ただし，取締役会決議にもとづく場合，総株主
の議決権の 100 分の 3 以上を有する株主が異議を述べた
時には軽減できなくなります（会社法 426 条 7 項）。

　そして，第 3 に，社外取締役（会計参与，社外監査
役，会計監査人も含む）については，定款により，報酬

等の2年分まで事前の責任限定ができます（会社法427条）。これは，社外取締役の導入にとって大きな意義を有します。2014年改正により，その対象範囲が非業務執行取締役にまで拡大されました。

株主代表訴訟

取締役（その他の役員等を含む）の会社に対する責任について問題となるのは，一体誰が取締役の責任を追及するのかという点です。他の取締役が仲間の取締役に対して責任追及を行うことはあまり期待できません〔会社が取締役の責任を追及する訴えを提起する場合には，監査役会設置会社（92頁参照）では監査役が（会社法386条1項），それ以外の会社では，代表取締役（会社法349条4項）または株主総会・取締役会が当該訴えにつき定めた者（会社法353条，364条）が会社を代表します〕。そこで会社法は，代表訴訟（847条）という制度を用意しています。

6カ月前より引き続き（公開会社のみ，なお定款で単縮可，1項・2項）株式を有する株主（定款で単元株主に限定可，1項本文，189条2項）は，書面その他の法務省令で定める方法をもって取締役の責任を追及する訴えの提起を，会社に対して請求することができます。

提訴請求の送付先は監査役です（会社法386条2項）（代表者に送付した場合につき，わたらせ農協事件A19，提訴請求を受けた監査委員（98頁「指名委員会等設置会社」参照）の不提訴判断の善管注意義務・忠実義務違反が問われた事例として，東芝事件・金判1510号47頁）。その請求にもかかわらず60日以内に会社が訴えを提起しなかった場合には，会社のために株主自身が取締

役を相手取って責任追及等の訴えを提起することができます（取締役の行為の差止請求については，会社法360条参照）。不提訴の判断をした会社は，請求があった場合には，不提訴の理由を開示しなくてはなりません（会社法847条4項）。

　代表訴訟を提起できる範囲は，会社法に規定された取締役の責任についてだけでなく，取締役の会社に対する取引債務についての責任も含まれると解されています（不動産の所有権移転登記請求も可能とした，大阪観光事件㉔参照）。

　1993年商法改正によって，代表訴訟の訴え提起費用は請求額にかかわらず一定額（現在1万3000円）となったことにより（会社法847条の4 1項，民訴費用法4条2項），わが国でも代表訴訟が一挙に増加しました。

　これに対して，悪意の提訴に対する担保提供命令の制度（会社法847条の4 2項・3項）が濫訴防止の役割を果たしてきました（蛇の目事件㉕）。さらに，「当該株主若しくは第三者の不正な利益を図り又は株式会社に損害を加えることを目的とする場合」は，却下事由となることも明らかにしました（会社法847条1項）。

　また，原告株主は和解により代表訴訟を終結でき（会社法849条の2），会社は，監査役全員の同意がある場合には，被告取締役側に補助参加することができます（会社法849条，なお中部電力事件A25参照）。

　株主代表訴訟の対象となった会社が，株式交換・株式移転によって他の会社の完全子会社となった場合には，原告株主は，対象会社の株主ではなくなるため，原告適格を失うとの下級審判例が相次ぎました。

会社法は，原告株主が，株式交換・株式移転または三角合併（消滅会社の株主に親会社株式が交付されるもの）によって対象会社の株主でなくなる場合であっても，存続会社等の株主となるなど代表訴訟遂行の利益を維持している場合には，原告適格を喪失しないことを明らかにし，前記の下級審判例を変更しました（会社法851条）。ただし，現金交付合併などで，原告株主が訴訟遂行の利益を完全に失った場合には，原告適格を失います。さらに，2014年改正で，株式交換等の効力発生日前に代表訴訟が提起されていなかった場合でも，効力発生日前にその原因がある取締役の責任について，旧株主に提訴権限が認められました（会社法847条の2）。

　また，2014年改正によって，親会社株主に子会社取締役等の責任追及を認める多重代表訴訟が一定の範囲で導入されました。そもそも親会社取締役による子会社取締役の責任追及を含む子会社管理は，内部統制システムの一環として要求されているものですが，そのような責任追及が懈怠されるおそれがあるとの懸念に応え，最終完全親会社等（会社法847条の3第1項・2項，847条の2第1項）の1％以上（6カ月以上前から）の株主に，一定規模以上の子会社（株式の帳簿価額が親会社の総資産の20％超）の取締役（会社法847条の3第4項・5項）に対する代表訴訟の提起が認められました（特定責任追及の訴え）（会社法847条の3第1項）。

取締役の第三者に対する責任

　取締役は，会社に対してだけでなく，会社債権者および株主に対しても損害賠償責任を負うことがあります。すなわち，取締役（他の役員等を含む）がその職務を行

うについて悪意または重大な過失があった時は（これを
任務懈怠と呼びます），これによって第三者に生じた損
害を賠償する責任を負います（会社法 429 条 1 項）。

　この取締役の第三者に対する責任に関する会社法 429
条は，会社法の中でもとくに判例の数が多い規定として
有名ですが，実際には，中小企業が倒産したような場合
に，会社債権者が経営者の個人的責任を追及する目的で
利用する場合が圧倒的に多く，その意味では，法人格否
認の法理（189 頁参照）の代替的機能を果たしていると
いえましょう。

　会社法 429 条がカバーする第三者に生ずる損害は，間
接損害と直接損害の 2 つに分けられます。間接損害とは
会社財産の減少の結果，会社債権者が被る損害をさしま
す。すなわち，取締役の任務懈怠によって財産が減少し
てしまい，その結果として債権者が債権を回収すること
ができなかったという場合です。使い込みや放漫経営な
どが典型的な事例です。他の取締役に対する監視義務違
反を問われることもあります（マルゼン事件㊆）。

　これに対して直接損害とは，会社財産の減少とは無関
係に生じる損害をさします。判例に最も多く登場するの
は，支払い見込みのない手形の振り出しです。すなわ
ち，会社が倒産する可能性が高いのに，取締役が起死回
生を図って，その手形が不渡りになるかもしれないと思
いながら，約束手形を振り出したような場合です。

　このようなケースは必ずしも会社の利益に反するとは
いえませんが，会社法 429 条の任務懈怠には当たると解
されています。

　また，会社法 429 条の第三者の中には，債権者だけで

なく株主も含まれます。ただし，株主の損害賠償請求は
直接損害に限ると解すべきでしょう。取締役の任務懈怠
により会社の財産が減少したことで生じた間接損害につ
いては，会社法423条の取締役の会社に対する責任を代
表訴訟によって問うのが本筋だからです。

　株主の直接損害の代表例としては，株主平等原則に反
した取り扱いをされたり，株券発行会社において株券の
発行をしてもらえないとか，名義書換えを不当に拒絶さ
れたというようなケースがあげられますが，最近では，
MBO（220頁参照）等に際し，取締役の善管注意義務・
忠実義務違反によって個別の株主が損害を被った場合に
も利用されるなど（レックス・ホールディングス損害賠
償事件㉒，シャルレ事件・判タ1372号198頁），株主が
会社法429条によって，直接請求を行う場面が増えてい
ます。

　会社法429条の法的性質に関しては，様々な議論が展
開されてきましたが，今日では，直接損害と間接損害の
両方をカバーする同条は一般不法行為責任（民法709条）
とは別個の特別の責任を規定したものであり，一般的に
会社役員の責任を重くすることによって第三者の保護を
図った規定であると考えるのが定説です（菊水工業事件
㊌）。

会社補償・役員等賠償責任保険

　以上のように，取締役等の役員は，損害賠償請求訴訟
を提起される可能性があり，それは取締役等の任務懈怠
に対するモニターとして機能しますが，取締役等の不安
が大きくなりすぎると，過度にリスク回避的な経営が行
われたり，そもそも，役員のなり手がいなくなる危険が

あります。そこで，2019年会社法改正で，役員等の責任を追求する訴えが提起された場合に，会社が弁護士費用や賠償金を補償すること，および，会社が，事前に，役員等賠償責任保険に加入することが可能であることを明らかにすべく，それらを行う際の規律の整備が行われました（会社法430条の2，430条の3）。

4　経営をチェックするモニター

(1)　経営者に対するモニタリング

　一般に，代理人に何かをしてもらう場合には，代理人が常に本人の利益のために行動するかどうかわからないという不安があります（エージェンシー問題）。そこで多かれ少なかれ本人は，代理人をモニタリング（監視・監督）する必要があります。株式会社の一つの大きな特徴は「所有と経営の分離」であり，所有者である株主は経営者に会社の経営を任せることになりますが，経営者支配（50頁参照）が確立した上場会社において，一般の代理人の域を超えた強大な権限を持つトップ経営者をどうやって制御するかは，日本に限らず株式会社制度を用いる国に共通した課題です。

　代表取締役に対するモニターの働きをするものは様々ですが，会社法がとくにそのために定めた制度として，取締役会，監査役，会計参与および会計監査人の4つがあります。

　取締役会の監督権限についてはすでに触れましたが，とくに，代表権限のない，いわゆる平取締役に，モニターとしての機能が期待されています（マルゼン事件

⑰)。しかし，日本の会社の取締役はほとんどが元従業員であり，代表取締役社長とは上下の関係に立っているため，現実には平取締役が代表取締役を監督することはまず期待できないといわれてきました。これに対してアメリカでは，取締役のほとんどが社外取締役であり，彼らが株主の利益を代表して経営陣に対するモニタリング機能を果たしているといわれています。

日本でも，近年，社外取締役の意義が認識され，その人数・独立性・多様性等の強化が進んでいます。

Column

─── モニタリング・システム ───

経営者を監視・監督（モニタリング）する制度は，（社外）取締役，監査役，会計参与，会計監査人，株主代表訴訟などの会社法に定める制度に限りません。小規模な会社では，税務署が実質的に最も強力なモニターです（会計帳簿を調える必要に迫られます）。上場企業では，敵対的企業買収が，無能な経営陣を排除するモニターとしての役割を有し，その前提としての株式市場も重要なモニターです。わが国では，メインバンク（156頁参照）がモニターとしての重要な役割を果たしてきましたが，最近では，機関投資家がそれに代わるモニターとして期待されています（147頁参照）。また，シェア争いに敗れて社長が辞任するケースなどは，製品市場もモニターとなりうることを示しています。わが国では，コアの従業員の経営者に対するボトム・アップの圧力が内部ガバナンスとして機能していますし，労働組合が重要な役割を果たす場合もあります。

どのようなモニタリング・システムが有効に働くかは，企業文化によっても違ってきます。

(2)　社外取締役・社外監査役（社外役員）の 意義とその独立性

　上場会社のコーポレート・ガバナンス（50 頁参照）における社外取締役ないし社外監査役の役割が重要性を増しています。

　戦後，わが国のほとんどの上場会社では，経営者と従業員で構成される「会社共同体」が取締役会を独占してきましたが，社外役員の選任は，会社共同体外の人間を取締役会に参加させて，議論を活発化させることに意味があります。また，1980 年代後半以降のいわゆるバブル経済とその崩壊以後，フリー・キャッシュフロー（投資先のない余剰資金）の使用法につき，会社共同体と株主との間に利害の対立が生じ，株主の利益を代表して経営者をモニタリング（89 頁参照）する社外取締役の意義が高まりました。2000 年以降，外国機関投資家の増加により，社外取締役の数を増やすことだけでなく，独立性要件の強化も要請されるようになりました。

　東京証券取引所は，上場会社に対して，2010 年に，独立役員（会社法の社外要件よりも厳しい資格要件を満たす独立取締役または独立監査役）を 1 名以上確保することを義務付け，2014 年には，独立社外取締役を 1 名以上確保するする努力義務を課しましたが，さらに，2015 年のコーポレートガバナンス・コード（147 頁参照）の策定に伴い，独立社外取締役を 2 名以上選任していない市場第 1 部・第 2 部上場会社に対しては説明を求めることにしました。2021年のコーポレートガバナンス・コードは，プライム市場上場会社に対して 3 分の 1 以上の独立社外取締役の選任を求めました。

会社法も，社外役員増強を促す改正を行ってきました。監査役会設置会社の半数以上の監査役は社外監査役でなくてはならず（会社法335条3項），指名委員会等設置会社（98頁参照）の各委員会の過半数は社外取締役でなくてはなりません（会社法400条3項）〔2014年改正で導入された監査等委員会設置会社（99頁参照）の監査等委員の過半数は社外取締役である必要があります（331条6項）〕。2014年改正において，会社法は，わが国の上場企業の大多数を占める監査役会設置会社に対しても，社外取締役を置かない場合には，社外取締役を置くことが相当でない理由を定時株主総会で説明する義務を課すことによって（327条の2），社外取締役の選任を強く勧奨することとしました。2019年会社法は，上場会社のほとんどが既に社外取締役を置いている現状を前提に，上場会社等に対して最低限1人の社外取締役の設置を義務付けました（会社法372条の2）。

　社外要件についても，2014年会社法改正で，従来は過去一度もその会社の経営者・従業員等でなかった者としていたのを（改正前会社法2条15号，16号），期間要件を10年と緩和し（会社法2条15号イ・ロ，16号イ・ロ），その代わりに，支配株主・親会社の関係者でないこと（2条15号ハ，16号ハ），姉妹法人の関係者でないこと（2条15号ニ，16号ニ），および，取締役等の近親者でないこと（2条15号ホ，16号ホ）を新たに要求しました。

　また，2019年会社法改正では，M&A提案に賛同するか否かの判断等，会社と業務執行取締役との利益相反状況がある場合等に，取締役会が，社外取締役に，特別

委員会を構成して実質上の決定を行う，さらには，相手方との交渉を行うといった業務執行を委託した場合には，社外取締役はその業務執行を行ったことによって社外取締役の資格を失わないとするセーフハーバー規定が設けられました（会社法348条の2）。

(3)　監査役の権限

　会社法は，モニタリングに特化した機関として監査役を置いています。監査役の職務は，会計監査と業務監査に分けられます。非公開会社（監査役会設置会社および会計監査人設置会社を除く）は，定款により，監査役の監査権限を会計監査権限に限定する（業務監査権限を含めない）ことができますが（会社法389条1項），それは，監査役設置会社（会社法2条9号）に該当しません。

　会社法では，監査役を置かないことが一定の条件で認められるようになりましたが，そのような監査役非設置会社では株主に業務監査権限の多くが委譲されます（会社法357条，367条等）。

　監査役は業務監査を行うために，次のような権限を与えられています。第1に，監査役は取締役会のメンバーではありませんが，取締役会に出席し，意見を陳述する権利義務があります（会社法383条1項）。さらに，監査役は，非常事態が発生した場合には取締役会の招集を請求することができ，それが認められない場合には自ら招集することができます（同条2項・3項）。

　第2に，監査役は業務および財産状況の調査を随時行う権限があります（会社法381条2項）。取締役も会社に著しい損害を及ぼすような事実を発見した場合は，直

ちに監査役に報告する義務を負っています（会社法357条）。さらに監査役の調査権は子会社にも及びます（会社法381条3項）（218頁参照）。逆に，監査役も，法令違反などを発見した場合には，取締役（会）に報告する義務を負っています（会社法382条）。

第3に，監査役には違法行為の差止請求権があります（会社法385条）。代表取締役が法令・定款に違反するような行為をしそうな場合には，裁判所にその差止めを請求することができます（ただし，会社に著しい損害が生じるおそれがあることを要し，まず取締役に直接請求する必要があります）。さらに差し止めの仮処分を申請することができます。

第4に，監査役は業務監査を行う際に必要な訴訟について会社を代表する権限を持っています。代表的なものとしては，会社の取締役に対する損害賠償請求訴訟について会社を代表します。また，取締役と会社間に訴訟があった場合には，監査役が会社を代表します（会社法386条）。

会計監査は主として決算期に計算書類に対する監査意見を提出することで行われますが，もちろん年度を通して，随時いわゆる期中監査を行うことが必要です。

会社法は，監査役の代表取締役に対する独立性を確保するために，いくつかの規定を置いています。第1に，監査役はその会社の取締役や従業員等であってはならないだけでなく，子会社の取締役や従業員等を兼ねることも許されません（会社法335条2項）。第2に，監査役の任期は，選任後4年以内に終了する事業年度のうち最終のものに関する定時株主総会の終結の時まで（会社法

336条1項）ですが〔非公開会社では最長10年まで伸長可（同条2項）〕，これは，取締役の任期が最長期間として定められているのに比して（会社法332条1項），最短期間の定めにもなっています。第3に，監査役の報酬は株主総会の決議事項ですが，取締役の報酬とは独立して承認を受ける必要があります（会社法387条）。さらに，監査に必要な費用を監査役が請求した場合，それを減額する時は取締役の側でその不要分についての立証を行う必要があります（会社法388条）。

　また，取締役と同様，監査役は第三者に対しても責任を負っています（会社法429条1項）。とくに，監査報告に重要な不実記載があった場合，それによって損害を受けた第三者は監査役に対して損害賠償を請求することができますが，この場合，監査役が責任を免れるためには無過失を立証しなくてはなりません（会社法429条2項3号）。

(4)　会計参与

　会社法によって，会計参与という新しい機関が導入されました。会計参与は，取締役または執行役と共同して計算書類などを作成することを主な職務とし（会社法374条1項・6項），株主総会で選任されます（会社法329条1項）。会計参与は，公認会計士，監査法人，税理士または税理士法人でなければなりません（会社法333条1項）。主として，中小企業の計算書類の信頼性向上を目的としたものですが，規模などにかかわりなく，すべての株式会社において，定款により，任意に設置することができます（会社法326条2項）。取締役会を設

置する非公開会社が会計参与を設置する場合には，監査
役を設置しないで済みます（会社法327条2項）。

(5) 大会社の監査と会計監査人

資本金5億円以上，または負債総額200億円以上の
「大会社」（会社法2条6号）は，監査役〔非公開会社で
ある大会社は監査役会（後述）は必要ありません〕によ
る会計監査とともに，会計の専門家としての会計監査人
の監査を必要とします（会社法328条）。会計監査人は
公認会計士，または監査法人であることが必要です（会
社法337条1項）。また株式会社は，その規模などにか
かわらず，定款の定めをもって，任意に会計監査人を設
置することができます（会社法326条2項）。

公認会計士は以前から上場会社に対して証券取引法
（現，金融商品取引法）上の財務諸表の監査を行ってき
ましたが，1974年の商法改正において，大会社につい
ては商法上も公認会計士監査を要求することになり，こ
れによって公認会計士の監査意見が株主総会に提出され
ることになりました。

会計監査人の職務権限は，計算書類とその附属明細書
の調査です。それに必要な情報を得るため，監査役と同
様会計監査人も，取締役などに報告を求めたり，帳簿な
どを閲覧する権限があります（会社法396条）。必要な
場合には，子会社に対する調査を行うこともできます
（同条3項）。

会計監査人監査は，監査役監査と違って職業専門家に
よる監査であること，および外部監査であることが特徴
です。監査役同様，会計監査人の独立性を維持するため

に様々な工夫がされています（会社法 344 条，338 条，340 条，345 条 5 項等）。

　また，会計監査人は監査役と同様，会計監査報告に不実記載をした場合には，無過失の立証がない限り，第三者に対して賠償責任を負うことになります（会社法 429 条 2 項 4 号）。

　公開会社である大会社で，指名委員会等設置会社ないし監査等委員会設置会社でないものは，監査役会を置かなくてはなりません（会社法 328 条 1 項）。監査役会を置く株式会社を「監査役会設置会社」と呼びます（会社法 2 条 10 号）。監査役会設置会社の監査役は 3 人以上で，半数以上が社外監査役でなければなりません（「社外」要件については，92 頁参照）。また，監査役の中から常勤監査役を選定しなければなりません（会社法 390 条 3 項）。監査役会はすべての監査役で組織し（会社法 390 条 1 項），多数決により監査報告書の作成などを行いますが（会社法 390 条 2 項，393 条 1 項），監査役の独任性は保たれており，各監査役は議事録に異議を付記することができます（会社法 393 条 2 項・4 項）。

　会計監査人設置会社でかつ取締役会設置会社においては，監査役（会）および会計監査人の適法意見が付いている場合には，株主総会において計算書類の承認決議を経る必要がないことになっています。監査役か会計監査人の誰か一人でも意見を付けた場合には，改めて株主総会において承認決議を経なくてはならないことになります（会社法 439 条，会社計算規則 135 条）。

　また，会社法では，指名委員会等設置会社ないし監査等委員会設置会社に限らず，監査役会設置会社において

も，会計監査人設置会社で，取締役の任期を1年に限り，毎年株主総会で取締役の選任を行う場合には，剰余金の配当などを取締役会で決めることができることにしました（会社法459条）。

5　機関設計の選択肢の拡大

(1)　指名委員会等設置会社

　指名委員会等設置会社は，2002年に新たに導入された機関設計の選択肢です。それは，従前型の監査役をモニタリングの中心とする制度〔監査役（会）設置会社〕に代えて，社外取締役をモニタリングの中心とする制度です（会社法2条12号）。当初は大会社を前提にした制度でしたが，会社法のもとでは，その規模などにかかわらず，任意に選択することができます。ただし，指名委員会等設置会社を選択した場合には，必ず，会計監査人を置かなければなりません（会社法327条5項）。

　監査役（会）設置会社では，取締役が業務執行と監督の役割を兼ねているのに対して，指名委員会等設置会社では，業務執行を行う執行役（会社法402条）という機関を新たに設け〔複数いる場合には，代表執行役を選任する必要があります（会社法420条）〕，取締役は監督に専念できるようにしました（会社法415条，416条）。

　いわゆる執行と監督の分離を目指したものですが，取締役の一部が執行役を兼ねることは可能です（会社法402条6項）。指名委員会等設置会社に，監査役，代表取締役という機関はありません。取締役および執行役の任期は1年以内です（会社法332条6項，402条7項）。

　取締役会の中に3つの委員会が置かれ，各委員会は，3人以上の取締役で構成され，その過半数は社外取締役でなくてはなりません（それゆえ，最低2名の社外取締役が必要です）。そのうち，監査委員会は，執行役などを兼ねた取締役を委員とすることができません（会社法400条）。

　監査委員会は，従来の監査役（会）が行っていた適法性監査を行うほか，妥当性に関する指摘を行うこともできます。指名委員会は，株主総会に提出する取締役の選任・解任に関する議案の内容を決定し（執行役の選任・解任は取締役会で行われます），報酬委員会は，取締役および執行役の個人別報酬の内容を決定します（会社法404条）。これらの委員会決定は，取締役会も覆すことができません。少数の社外取締役でも監督機能を果たせるよう，委員会の権限が強化されています。

　取締役会の権限も基本方針の決定などに限定され，業務執行事項の大半を執行役の決定に委ねることができるようになり（会社法416条4項），機動的意思決定が可能になりました。

(2)　監査等委員会設置会社

　2014年会社法改正で，監査等委員会設置会社という新しい機関設計の選択肢が加わりました。同改正により，上場会社に社外取締役を置くことが強く勧奨されるに至ったことから（327条の2），とくに小規模な上場会社等にとって，社外役員数の要求が過大になるとの批判（監査役会設置会社である上場会社では，2名の社外監査役とあわせて，事実上，最低3名の社外役員が必要に

なります），および，3委員会のフル装備が求められる指名委員会等設置会社の採用数が少ないことを考慮して，指名委員会等設置会社と監査役会設置会社の中間的なハイブリッド形態が考案されました。

監査等委員会は，指名委員会等設置会社の監査委員会の権限のほか，監査等委員以外の取締役の選任等および報酬等につき株主総会における意見陳述権を有することにより（会社法342条の2第4項，361条2項・5項），指名委員会および報酬委員会の代替機能を一定程度果たしうることから，「等」の字が入っています。監査等委員は3人以上で，その過半数は社外取締役でなければなりませんので，最低2名の社外取締役が必要です。

会計監査人の設置は必要であり，監査役が置かれないことは，指名委員会等設置会社と同様です。執行役は置かれず，業務執行は，取締役の中から取締役会が選任する代表取締役（会社法399条の13第3項）が行う点は監査役会設置会社と同様です。

監査等委員会設置会社は，定款の定めがある場合（または，社外取締役が取締役の過半数である場合），取締役会の決議によって，指名委員会等設置会社が執行役に委任できるのと同じ業務執行事項の決定を取締役（多くの場合，代表取締役）に委任できるので（会社法399条の13第5項・6項），機動的意思決定が可能である点において指名委員会等設置会社に劣りません。また，監査等委員会が利益相反取引を承認した場合には，当該取引に関与した取締役の任務懈怠の推定（会社法423条3項）がなくなる点は（会社法423条4項），他の2つの選択肢に比して，経営陣にとって有利といえます。

　監査等委員の独立性の担保として，監査役会設置会社同様，監査等委員である取締役の選任議案の株主総会提出についての監査等委員会の議案への同意権および選任議題・議案の提案権（会社法344条の2），その選任（不再任）についての監査等委員である取締役の総会における意見陳述権（会社法342条の2第1項）が認められています。

　監査等委員である取締役の任期は2年（短縮不可）（会社法332条1項・4項・5項）として，他の取締役の任期が1年（短縮可）（会社法332条3項）と差をつけ，かつ，解任には株主総会の特別決議を要する（会社法309条2項7号）として，その地位の強化を図っている点も監査役会設置会社に倣ったものといえます。

6　株主総会と株主

(1)　株主総会の決議事項

　ピラミッドの一番下に位置するのが，会社の所有者たる株主ですが，株主一人ひとりは会社の機関ではありません。すべての株主を構成員とする会議体としての機関である株主総会が，最低年1回は開かれ，会社の重要な意思決定を行います（会社法296条）。

　株主総会の決議事項は，経営陣が株主の総意を確認せずに行うことができないものであり，取締役会で決定することになじまない事柄です。

　株主総会の決議事項は，次の5つのカテゴリーに分けることが可能です。①会社の基礎ないし営業に根本的な変動を生じる事項（定款の変更，資本の減少，解散，合

併，事業譲渡等），②機関の選任・解任，③計算に関する事項（計算書類の承認および剰余金配当の決定）（ただし，このカテゴリーは，次第に取締役会決議事項に移されつつあります），④経営陣による権限濫用の危険が大きい事項（事後設立等），⑤株主の重要な利益に関する事項（第三者に対する新株の有利発行等）。

株主総会の決議は，出席株主の議決権の過半数の賛成があれば成立するのが原則ですが（普通決議）（会社法309条1項），①などのように，出席株主の議決権の3分の2以上の賛成が必要なものもあります（特別決議）（同条2項）。

以上の5つのカテゴリーに入らない決議事項は，取締役会または代表取締役が株主の意思を問うことなく会社としての意思決定を行うことができ，それらは経営判断にかかわる決議事項であると考えられます。株式の過半数を有している株主は，株主総会の役員選任権限を通して取締役ポストを独占することができ，それによって，原則として自由に会社の経営を行うことができます。これを「資本多数決の原則」と呼びます。さらに3分の2以上の株式を有する者は，合併等の会社の根本的な変更をも自由に行うことができます（3分の1を超える株主は重要な拒否権を持つことになります）。

株主総会は会社の最高意思決定機関ですが，取締役会設置会社においては，万能な機関ではありません。株主総会で決議できるのは，会社法または定款で定められた事項に限られます（会社法295条2項）。

このように株主総会の権限が限定されたのは1950年の改正からですが，それは一つには取締役会と株主総会

との権限の分配を明確にしようとしたものであり，また一つには経営判断に係る事柄は取締役会の専決事項とした方がかえって株主の利益になると考えられたからです。取締役会非設置会社においては，従来の有限会社同様，総会が万能の機関です（同条1項）。

　株主総会の決議事項を会社法または定款に定められた

Column

──────── 総会屋と利益供与の禁止 ────────

　かつて，わが国の会社経営者は株主総会を必要悪と考えてきたきらいがありました。総会において，株主と議論を尽くすことよりも，ただひたすら短時間内に「儀式」を終わらせることに腐心してきました。そのような経営者の弱腰につけこんで，不当な利益をむさぼったのが総会屋です。

　株主総会を平穏に終わらせるために，会社が総会屋に金品を支払うという，わが国特有の病的現象をなくすため，1981年商法改正は，株主の権利の行使に関し，会社が利益を供与することを禁ずる措置を講じました（会社法120条）。とくに，違法な利益供与を行った役員・従業員にも刑事罰を科すことにしました（会社法970条）。さらに，1997年には罰則が強化されました。会社法においても，利益供与を行った取締役は特別に無過失責任を負います（会社法120条4項）。このような法改正が効を奏し，今日，総会屋はほぼ姿を消したといわれています。

　当初，総会屋対策のために立法された利益供与禁止規定ですが，その文言が適用対象を限定していないため，その適用範囲が拡大されてきたことに注意する必要があります（蛇の目ミシン事件⑫，モリテックス事件㉛参照）。

ものに限るとしたのには，2つの意味があります。第1に，会社法が株主総会の決議事項として定めたものは定款によっても他の機関に移すことはできず（会社法295条3項），第2に，定款によって決議事項を広げることもできるという意味です。

　ここで問題になるのは，定款によってどこまで株主総会の決議事項を広げることができるのかということです。たとえば，定款によって，取締役会設置会社の代表取締役の選任権限を取締役会から株主総会へ移すことが可能かどうかという点については，議論が分かれています。

(2)　株主総会の進め方

株主総会の手続き

　株主総会は取締役会と同様，会議体として機能する機関ですが，不特定多数の株主を構成員とするため，取締役会以上にその手続きが重視されます。

　まず第1に，招集権者が手続きに則って株主総会を招集することが重要です。取締役会設置会社における株主総会は取締役会の決議にもとづき，代表取締役が招集し，株主に通知することが必要です（会社法298条1項・4項，296条3項，299条1項）。招集権者以外の者が勝手に株主総会と称する会議を開いたとしても，それは株主総会とは認められません。ただし，例外として3％以上の株式を6カ月以上保有している株主は，まず取締役に招集の請求をした上，裁判所の許可を得て，自ら株主総会を招集することが可能です（会社法297条）。

　招集通知は，会議の目的を記載して2週間前に株主に送付されなければなりません（会社法299条）。この2

週間という期間は，株主が総会に出席するか否か，どのように議決権を行使するかなどを検討するために必要な期間ということになっていますから，招集通知が1日でも遅れた場合には，決議の取消事由になります。また，招集通知を送付したあとで議題の変更を行うことはできません。ただし，非公開会社で，書面投票などによらない場合は1週間に短縮することができます。取締役会非設置会社では，定款でこの期間をさらに短縮することもでき，書面や電磁的方法によらず口頭での通知も可能になりました（同条1項・2項）。さらに取締役会非設置会社では，会議の目的の記載も不要です。

　また，取締役会設置会社においては，定時株主総会の招集通知に計算書類および事業報告を付けなければなりません（会社法437条）。書面投票ないし電子投票を行う会社は，株主に対し，参考書類および議決権行使書面を交付しなければなりません（会社法301条，302条）。

　株主総会の議事の運営は議長を中心に行われますが，ほとんどの会社は，定款で株主総会の議長は社長が務めると定めています。仮にそのような定款の規定がない場合には，総会の決議によって議長を選ぶことになります。

　議長は株主総会の秩序を維持しながら議事を整理し，審議が尽くされたことを確認して採決に入ることが要求されています。少数派の意見を聞かずに強行採決をすれば，それは決議取消事由になります。また，議長が総会の秩序を乱す者を退場させられることは会議体の原則として当然のことですが，会社法は総会屋の問題を意識して明文を置いています（会社法315条）。

　株主総会において株主が担当の役員に対して議案につ

いて質問をする権利があるのは当然のことですが，会社法はこれを株主の質問権という形ではなく，役員の説明義務という形で規定しています（会社法314条）。役員は必ずしも株主の質問すべてに答える必要はなく，企業秘密に属するような事柄や，議題とまったく関係のない質問に対して答える必要はありません。ただし，役員の側で正当な回答拒否事由があることを立証する必要があります。

決議を行うに当たっては，定足数の要件を満たしていなくてはなりません。株主総会の定足数は，発行済み株式総数の過半数が原則ですが，これは定款によって省くことができます（会社法309条1項）。ただし，役員の選任・解任決議および特別決議に関しては，定款をもってしても定足数の要件を3分の1未満に下げることはできません（会社法341条，309条2項）。

代表取締役は株主総会の議事録を作成する義務があり，それを本店および支店に備え置いて株主および会社債権者の閲覧・謄写に供さなければなりません（会社法318条）。上場会社には，株主総会における議決権行使結果について，臨時報告書での開示が求められることになりました（企業内容等の開示に関する内閣府令）。

議決権代理行使と委任状勧誘制度

取締役会との一つの大きな違いは，株主総会では議決権の代理行使が認められているという点です（会社法310条）。これは株主総会に出席できない株主の意思を総会に反映させるための制度であり，定款によっても奪うことのできない権利です。ただし，判例上，定款によって代理人資格を株主に限ることは，株主総会の攪乱防

止という点から合理的な制限であると認められています（関口本店事件㉙）。

しかし，代理人資格を株主に限った場合でも，法人株主がその役員または従業員に議決権を代理行使させることや（直江津海陸運送事件㉞），閉鎖会社において孤立している少数株主が病気のため親族を代理人に指名する（三井貿易事件・判タ196号126頁）などのような場合に，代理人が株主でないことを理由に代理行使を認めないことは不合理でしょう。

とくに，上場会社においては，経営陣の側から株主に委任状を送付して議決権代理行使を積極的に勧誘しており，このような委任状勧誘システムは，上場企業の経営者支配を支える重要な役割を果たしています。上場会社の多くの株主は投資に対する経済的利益を獲得することだけが目的であり，株主総会に出席して会社の経営に対して何らかの発言を行うことをまったく考えていないのが普通です。そこで経営陣の方から総会に出席できない株主に対して，委任状によって議決権の代理行使を行うことを勧誘します。

この制度によって，実際に会場まで足を運べない株主の意思を総会に反映させることが可能になり，また，定足数割れによって決議ができないという事態を防ぐことができます。一般の株主が現経営陣から委任状勧誘を受ければ，その提案を黙って承認するのが普通ですから，現経営陣は総会が開かれる前に，自分たちの提案に賛成する株主の委任状の束を手中にしていることになります。

このような意味で委任状勧誘システムは，現経営陣の地位を支える実質的な役割を果たしています（ただし，

現経営陣の支配権維持のために事実上役立っているにもかかわらず，委任状勧誘の経費が会社の費用で賄われていることに対しては疑問が提起されています）。また，支配権争いに際して，委任状勧誘合戦が行われることもあります（モリテックス事件㉛参照）。

これに対して，書面投票制度は，議決権を有する株主が1000名以上いる会社に対して強制される制度で，委任状勧誘のように金融商品取引法上の制度（金融商品取引法194条，委任状勧誘規則）ではなく会社法上の制度として定められたものです（会社法298条2項）。

委任状勧誘制度との最大の違いは代理人が介在しないことであり，株主が議決権行使書面を会社に提出することによって議決権が行使されたことになります。

ただし上場会社は伝統的に委任状制度を用いてきましたので，上場会社については委任状勧誘制度か書面投票制度かを選択することが認められてます（会社法298条2項，会社法施行規則64条）。その代わり，書面投票も委任状勧誘もどちらもしないことは認められません。

2001年以来，書面投票は，取締役会決議により，大会社以外でも行うことができるようになりました（会社法298条1項3号）。また，同じく取締役会決議により，電磁的方法（eメール）による議決権の行使を認めることも可能になりました（同条1項4号）。全員一致の場合は書面決議も可能です（会社法319条1項）。

(3) 株主総会決議の瑕疵を争う訴訟

株主総会の決議に何らかの瑕疵（欠陥）があった場合には，事後的にその決議の効力を覆す方法があります。

株主総会決議の瑕疵を争う訴訟（会社法830条，831条）がそれに当たりますが，これは実務的にも理論的にも極めて重要な意義を持っています。

株主総会決議の瑕疵を争う訴訟に関しては，非常に多くの判例があります。その多くは小規模な非上場会社の事例です。なぜなら，そのような会社においては株主総会の手続きが守られていないことが多く，内部紛争が生じた場合には，その点が少数株主にとって格好の攻撃目標となるからです。

そのようなケースで株主総会決議の効力を否定したからといって，内部紛争の解決に役立つことはほとんどありませんが，総会決議の瑕疵を争う訴訟が非上場会社における少数株主の不満のはけ口として，また，支配株主との和解交渉の糸口として，実質的に重要な役割を果たしてきたことも否定できません。

会社法は，株主総会決議の瑕疵を争う訴訟を，決議取消の訴え（会社法831条1項），決議不存在確認の訴え（会社法830条1項）および決議無効確認の訴え（会社法830条2項）の3つに分けて規定しています。これは一口に株主総会決議の瑕疵といっても，その性格や程度には様々なものがあり，どのような攻撃方法を許すのかをきめ細かく定める必要があるからです。

決議の瑕疵は，手続き上の瑕疵と内容上の瑕疵に分けることができます（図3-1）。手続き上の瑕疵はその程度に応じて，決議不存在確認の訴えを提起できるものと（向陽マンション事件㊴），決議取消の訴えによらなければならないもの（会社法831条1項1号）とに分かれます。たとえば，同じく招集通知に瑕疵があったという場

図 3-1　株主総会決議の瑕疵とその法的効果

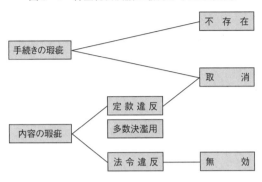

合にも，招集通知の送付が法定の期間よりも何日か遅れ
たというケースと，代表取締役が反対派を排除する意図
で招集通知をまったく発しなかったという場合ではその
程度に大きな差異があります。とくに後者のような瑕疵
を3カ月の提訴期間に係らせることには大きな問題があ
るでしょう。

　内容上の瑕疵は，法令違反，定款違反，および特別利
害関係人が決議に参加したことによって著しく不当な決
議がなされた場合（多数決濫用）の3つに分けることが
できます。そして，法令違反は決議無効確認の訴えに
（会社法830条2項），定款違反および多数決濫用のケー
スは決議取消の訴えによることになります（会社法831
条1項2号・3号）。

　決議取消の訴えは，株主等（会社法828条2項1号）
が，決議の日から3カ月以内に訴えを提起しなければな
らず（会社法831条1項），また，その決議は取消判決
の確定によってはじめて無効になります。すなわち，決

議取消の訴えの対象となる瑕疵に対しては，出訴期間，原告適格（誰が訴訟を提起できるか）の限定（決議により地位を奪われた株主に原告適格を認めた，日本高速物流事件・判時 2095 号 140 頁参照），さらにその効力を否定するためには訴訟の提起が必要であるという形で攻撃方法が限定されています。また，手続き違反に限り，裁判所が原告の請求を裁量により棄却することも認められています（裁量棄却）（会社法 831 条 2 項）。

　これに対して不存在確認の訴えおよび無効確認の訴えの対象となる決議の瑕疵に対しては原告適格，出訴期間の制限はなく，また，その効力を否定する訴訟を提起しなくても他の訴訟の中で不存在あるいは無効を主張することも可能です。

　株式会社をめぐる法律関係は，株主総会決議を基礎にしてそれが積み重なっていくものですから，法律関係の安定性を重視しなくてはならないという要請があります。しかし，他方で，株主が違法な決議に拘束されるべきではないという考慮も存在します。そこで，この 2 つの相反する要請を調整するため，会社法は決議の瑕疵をその重要性に応じて分類し，それに応じた決議の瑕疵を争うシステムを用意したといえます。

　以上の 3 つの訴訟のいずれかで原告が勝訴した場合，裁判によって効力が否定された決議は，その決議がなされた時までさかのぼって無効になり（遡及効），また，その判決は第三者に対しても効力を有します（対世効）。

　たとえば，代表取締役の取締役選任決議が取り消されたとすると，原則からすれば，その間その代表取締役が会社を代表して行った取引行為は，すべての効力が否定

されることになります。しかし，そうすると対外的な法律関係の安定性が極めて害されることになるため，第三者の保護を重視しなくてはならない場合には，不実登記の信頼者の保護規定（会社法908条2項）や表見代表取締役に関する規定（会社法354条）などによって善意の第三者の保護を図っています。

(4) 株主の権利義務と少数株主の保護

株主の権利義務

株主有限責任の原則とは，株主は会社に対して出資義務を負うのみで，会社債権者に対して直接の責任を負わないという意味ですが，現在では，株金の分割払い込みは認められていませんから，出資を履行して株主となった者は，原則として会社に対しても会社債権者に対しても何ら義務を負いません〔例外的に法人格否認の法理により株主が会社債権者に対して個人的責任を負う場合があり（189頁参照），また，アメリカでは支配株主の少数株主に対する忠実義務が問題とされることがあります〕。

株主は会社の所有者と位置付けられており，会社の経済的利益に対する権利，および会社の支配に対する権利の両方を認められています（会社法105条）。

前者は自益権と呼ばれ，剰余金配当請求権と残余財産分配請求権から成ってます。そして，後者は共益権と呼ばれ，株主総会における議決権とその他の経営参加権から成ってます。議決権などの行使は本人だけでなく全株主の利益にも影響を及ぼすので共益権と呼ばれるわけです。共益権も株式の内容として相続などにより承継され

ます（丹後織物石川有限会社事件・民集24巻7号804頁）。

　一人ひとりの株主は、株主総会の構成員として、その議決権の行使を通して会社の政策決定にかかわることになります。株主は危険資本の担い手として企業の経営に発言権を持っているといわれます。

　とくに重要なのは、株主が企業の経営者を選ぶことです。「株主は1株につき1票の投票権を与えられ、株式の過半数を取得した者が取締役のポストを独占することによって会社の支配権を把握できる」という資本多数決の原則についてはすでに述べました（48頁参照）。

　一人ひとりの株主は会社の機関ではありませんが、議決権およびその他の経営参加権を通して会社の経営にある程度の影響を及ぼすことが可能です。

少数株主権

　株式会社においては、「株式の過半数を有する者が原則として自由に経営を行うことができる」という資本多数決の原則が妥当することは繰り返し述べましたが、支配権を持たない株主は何ができるかという観点から、株主権の活用について考えてみましょう。

　株主の権利は1株の株主にも認められるもの（単独株主権）と、一定の持株割合を有する株主にのみ認められるもの（少数株主権）に分けられます。その意味では同じく少数株主といっても1％にも満たない株主と、3分の1を超える株式を有する株主とでは会社に対する影響力はまったく異なります。

　これを経営者あるいは支配株主のサイドから見ると、反対派にどれだけの株式を持たれたら、どのような法律上の権利を行使される可能性があるかという問題になり

ます。

　ここで，狭義の少数株主権に限らず，支配権を持っていなくても少数株主が行使することができる権利を5つのカテゴリーに分類して整理してみましょう。

　①情報開示の請求〔株主名簿閲覧請求の拒否事由（会社法125条3項），会計帳簿閲覧請求の拒否事由（会社法433条2項）の有無が争われた事例として，それぞれ，日本ハウズイング事件・金判1295号12頁，ダイナス事件㊹参照〕，②株主総会に関連した権利行使，③取締役あるいは取締役の行った行為に対する直接攻撃，④拒否権の行使，⑤投下資本の回収です。

　以上の分類に従い，権利行使の容易な順に少数株主が支配株主に対抗するための法的手段を列挙すると，表3-2が作成できます。

　株主アクティビズムの進展に伴い，少数株主権の中でも，株主提案権は，近年利用されることが多くなっていますが，その濫用的な行使事例も発生していることから，2019年会社法改正において，1人の株主が提案できる議案の上限を10としました（会社法305条4項・5項）。

支配株主の行為規制原理

　以上のような株主の権利のほかに，支配株主と少数株主との間の利害対立の調整役を果たしているものに，いくつかの支配株主の行為規制原理をあげることができます（図3-2）。

　第1に「株主平等原則」があります（会社法109条1項）。これは，株主は株主としての資格にもとづく法律関係については，原則としてその所有する株式の数に応じて平等の取り扱いを受ける権利があるということを意

表 3-2　少数株主が支配株主に対抗するための法的手段の分類

I	情報開示請求	
1.	定款・株主名簿の閲覧	31 条 2 項，125 条 2 項（単独）
2.	株主総会議事録の閲覧	81 条 3 項，318 条 4 項（単独）
3.	計算書類等の閲覧	442 条 3 項（単独）
4.	取締役会議事録の閲覧	371 条 2 項（単独）
5.	組織変更計画の閲覧	775 条 3 項（単独）
6.	会計帳簿の閲覧	433 条 1 項（議・3/100）（または発・3/100）
7.	検査役選任	358 条 1 項（議・3/100）（または発・3/100）

1. に類するもの

	新株予約権原簿等の閲覧	252 条 2 項
	社債原簿の閲覧	684 条 2 項，会社法施行規則 167 条

2. に類するもの

	議決権行使代理権を証する書面の閲覧	74 条 7 項，310 条 7 項
	議決権行使書面・電磁的議決権行使の閲覧	75 条 4 項，311 条 4 項，76 条 5 項，312 条 5 項
	総会みなし決議の書類閲覧	82 条 3 項，319 条 3 項

3. に類するもの

	会計参与報告等，会計参与に対する閲覧請求	378 条 2 項
	清算株式会社の貸借対照表の閲覧	496 条 2 項

4. に類するもの

	監査役会議事録の閲覧	394 条 2 項
	監査等委員会議事録の閲覧	399 条の 11 第 2 項
	指名委員会等議事録の閲覧	413 条 3 項

5. に類するもの

	株式の併合に関する書類の閲覧	182 条の 2・6
	全部取得条項付種類株式に関する書類の閲覧	171 条の 2，173 条の 2
	第三者割当増資に関する書類の閲覧	206 条の 2 第 1 項・2 項
	吸収合併契約等に関する書類の閲覧	782 条 3 項（消滅会社株主），794 条 3 項（存続会社株主），801 条 4 項（存続会社株主，794 条 3 項とは違う書類）
	吸収分割・株式交換に関する書類の閲覧	791 条 3 項・4 項（吸収分割会社・株式交換完全子会社の株主）
	新設合併等に関する書類の閲覧	803 条 3 項（消滅会社株主），815 条 4 項（新設会社株主）
	新設分割・株式移転に関する書面の閲覧	811 条 3 項

※　なお，これらのほかにも，株主からのアクションを必要としない，株主総会参考書類の交付（301 条）なども，株主への重要な情報提供の機能を果たしています。

II	株主総会に関連した権利行使	
1.	総会における説明要求	314 条（単独）
2.	累積投票請求	342 条（単独）（ただし定款で排除可）
3.	決議の瑕疵を争う訴え	830 条，831 条（単独）

Ⅲ　取締役および執行役の行った行為に対する直接攻撃

Ⅳ　拒否権の行使（特殊の決議・特別決議事項）

1.　属人的定めを置く定款変更　　　　309 条 4 項（議・1/4 超）（または頭数の 1/2 超）
2.　譲渡制限の定款変更　　　　　　　309 条 3 項 1 号（議・1/3 超）（または頭数の 1/2 超）
3.　公開会社の株主に譲渡制限株式等を交付する合併等　　309 条 3 項 2 号・3 号（同上）
4.　定款変更　　　　　　　　　　　　466 条，309 条 2 項 11 号（議・1/3 超）（以下同様）
5.　事業譲渡　　　　　　　　　　　　467 条 1 項，309 条 2 項 11 号
6.　事後設立　　　　　　　　　　　　467 条 1 項 5 号，309 条 2 項 11 号
7.　新株発行（非公開会社）　　　　　199 条 2 項，309 条 2 項 5 号
　　第三者に対する有利発行（公開会社）　　201 条 1 項，199 条 3 項
8.　新株予約権の発行（非公開会社）　238 条 2 項，309 条 2 項 6 号
　　第三者に対する有利発行（公開会社）　　240 条 1 項，238 条 3 項
9.　譲渡制限株式の買取り　　　　　　140 条 2 項・5 項，309 条 2 項 1 号
10.　特定の株主からの自己株式取得　　156 条 1 項，160 条 1 項，309 条 2 項 2 号
11.　全部取得条項付種類株式の取得　　171 条 1 項，309 条 2 項 3 号
12.　相続人等に対する売渡請求　　　　175 条 1 項，309 条 2 項 3 号
13.　株式の併合　　　　　　　　　　　180 条 2 項，309 条 2 項 4 号
14.　資本金の額の減少　　　　　　　　447 条 1 項，309 条 2 項 9 号
15.　解散　　　　　　　　　　　　　　471 条 3 号，309 条 2 項 11 号
　　解散後の会社の継続　　　　　　　473 条，309 条 2 項 11 号
16.　合併，株式交換・株式移転，会社分割　　783 条，795 条等，309 条 2 項 12 号
17.　監査役・累積投票で選任された取締役・監査等委員の解任　　339 条 1 項，309 条 2 項 7 号
18.　取締役の責任免除　　　　　　　　425 条 1 項，309 条 2 項 8 号

　　7. に関連して，公開会社における第三者割当増資の反対権（206 条の 2 第 4 項本文）があります。
　　16. に関連して，簡易合併等への反対権（468 条 3 項，会社法施行規則 138 条，796 条 3 項，会社法施行規則 197 条）があります。

Ⅴ　投下資本の回収

1.　株式買取請求権　　　　　　182 条の 4（株式の併合）
　　　　　　　　　　　　　　　469 条（事業譲渡）
　　　　　　　　　　　　　　　785 条，797 条（吸収合併・吸収分割・株式交換）
　　　　　　　　　　　　　　　806 条（新設合併・新設分割・株式移転）
　　　　　　　　　　　　　　　116 条 1 項 1 号・2 号（譲渡制限・全部取得条項を付する定款変更）
2.　譲渡制限株式の買取り　　　136 条，138 条 1 号ハ
3.　解散判決請求　　　　　　　833 条 1 項（議・1/10）（または発・1/10）

（注）
※　議・3/100 ⇒議決権の 3/100，発・3/100 ⇒発行済株式の 3/100，定款でそれを下回る基準を設定することは可能です
※　発行済株式数には自己株式を含みません
※　公開会社以外の会社は，6 カ月の保有期間の要件はありません
※　以上のほかに，種類株主が行使できる権利については別途規定があります

図3-2　支配株主の行為規制原理

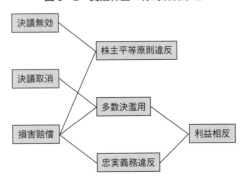

味しています。たとえば1株当たりの剰余金配当額が株主によって違っていたとすれば，それは当然，株主平等原則に違反します（大運事件・民集12巻12号1963頁）。

　ただし，異なった種類の株式間では異なった取り扱いがなされるのは当然であり，また，非公開会社においては，株主の権利に関して定款で属人的な定め（株主ごとに異なる取り扱い）をすることも認められています（同条2項）。

　株主平等原則違反の行為は原則として無効です。これは総会決議や取締役会決議だけでなく，契約などもそれ自体が無効になると解されています。また，株主平等原則違反の取り扱いを受けた株主は，取締役に対して会社法429条の損害賠償を請求することが可能です。いくら支配株主が経営権を持っているといっても，株主平等原則に違反するような経営を行うことはできません。

　株主平等原則に関連して，「支配権プレミアム」の分配が問題となります。会社の支配権はそれ自体価値があ

りますから，支配株式は少数株式よりも高値で売買されるのが普通です。しかし，支配株主にのみ，そのような支配権プレミアムを享受させることを問題視する見解もあります。金融商品取引法（27条の2第1項）は，上場会社の株式を30％を超えて取得する場合は公開買付（147〜148頁，203頁参照）によることを強制し，支配株主から直接相対取引で支配株式を取得することを禁じています。買付者は，すべての株主に均一の条件で，持株を売却する機会を与えなくてはならず，上場会社の支配株主は支配権プレミアムを独占できなくなりました。

　第2に，「多数決濫用の法理」があります。これは，資本多数決の原則の例外として，多数派の行った決議を事後的に覆すための法理です。たとえば，非上場会社において少数株主を締め出すために，利益が上がっているにもかかわらず何年間も無配の決議を続け，多額の役員報酬を承認してきたような場合には，多数決の濫用を認定して総会決議の効力を否定することが可能です（78頁，109頁参照）。

　しかし，多数決濫用の法理によって株主総会決議が実際に覆ったという事例は，ほとんどありません。あくまでも原則は資本多数決であり，経営陣が自分たちの経営判断に従って議案を提出し，支配株主がそれを承認した場合には裁判所のチェックを受けないことが原則です。

　支配株主が存在する会社においては，支配株主が取締役となる，ないしは，取締役を派遣する事例が多いでしょう。取締役の利益相反行為（75頁参照）が存在する場合には，株主は，忠実義務違反を主張して，株主代表訴訟ないし会社法429条の直接請求訴訟を提起し，取締

役に損害賠償を請求することも可能です。また，わが国においては取締役の忠実義務しか認められていませんが（会社法355条），アメリカの判例法では支配株主の少数株主に対する忠実義務も認められています。

　少数株主はその権利を実現するに当たり，以上のような支配株主の行為規制原理を理論的な裏付けとして主張することができます。逆に支配株主の側からいえば，株主平等原則に違反せず多数決濫用にもならず，かつ忠実義務違反でもないという，その限りにおいて自分たちの経営判断に従った自由な経営を行うことができます。

第4章

株式の役割

株式とは，株主の出資と会社支配をつなぐもので，誰でも簡単に会社に出資できるように，株主の地位を均一に細分化，単位化したものです。株主総会においては1株が1票となり，多数決の原則により過半数の株式を有すれば会社の支配が可能になるのが原則です。

1 株式とは

(1) 出資と支配を結ぶもの

　株式とは，株主の地位を意味し，株式会社以外の会社一般に当てはまる持分と同じ意味ですが，細分化された均一の単位の形をとるところに特徴があります。

　株式が表章する権利は，自益権と共益権（会社法105条1項）に分けることができます。自益権とは剰余金配当請求権と残余財産分配請求権を中心とする経済的利益を享受する権利であり，共益権とは議決権を中心とする会社の経営に関与する権利です。

　株式は，流通市場における売買や，相続等の承継取得などによって移転することがありますが，もともとは，会社に対してカネ（金銭出資）またはモノ（現物出資）を払い込むことによって成立するものです。そして，均一の単位の形をとる株式は，原則として1株が株主総会における1票に当たります（一株一議決権の原則）（会社法308条1項本文）。

　株主総会においては，特別決議（会社法309条2項）や特殊の決議（同3項・4項）を除き，出席している株主（議決権代理行使や書面投票を含む）の有する議決権の過半数の賛成によって決議が成立しますから（同1項），発行済株式総数の過半数の株式の議決権をコントロールできる者（必ずしも自ら株式を所有する必要はありません）は取締役ポストを独占することによって会社の支配権を取得し，原則として自由に会社の経営を行うことができます（資本多数決の原則）。

　株式会社においては，株式を購入するという形での経済的な出資と会社支配が密接に結び付いていることが基本的な原則ですが，実際に出資した額ではなく（株式の価格は常に変動します），株式の数の多数決によって支配権の移動が決まります。その意味では，資本多数決の原則というよりも，本当は，株式多数決の原則といった方が正確です。

　以上のような，一株一議決権の原則および資本多数決の原則は多くの株式会社に当てはまりますが，2001年・02年商法改正以来，種類株式の自由化や単元株制度の導入によって，出資と支配の比例的対応関係を崩すことが可能になっています。

　ここで，株式会社における出資と支配の関係について，もう少し考えてみましょう。なぜ，出資にもとづいて（株式の数の多数決による）支配権の取得が認められるのでしょうか。この問題は，さらにいくつかの問いに分解できます。

　まず，第1に，なぜ，過半数の株式を有する者に取締役ポストの独占を認めるオール・オア・ナッシングの原則をとり，持分割合に応じて取締役ポストを分配する比例代表制的考え方をとらないのでしょうか。累積投票制度（73頁参照）をとったり，ジョイント・ベンチャー（41頁参照）などにおいて，契約や種類株式（130頁以下参照）の利用により持分割合に応じた取締役ポストの分配を行う例もないではありませんが，圧倒的多数の株式会社においては，オール・オア・ナッシングの資本多数決の原則がとられています。これはおそらく，効率的な会社経営を行うためには，少なくともある程度の経営

者支配が必要であり，支配を分散することはあまり効率的ではないからであると思われます。

　第2に，効率的な会社経営にとって経営者支配が必要であるのなら，なぜ株主に議決権を与えなければならないのでしょうか。名実共に経営者支配を認めて，株主には経済的利益を享受する権利だけを認め，議決権を与える必要はないのではないかという疑問も提起できます。

　この問いに対しては，まず，株主に議決権を与えないと経営者をチェックすることができなくなるという答えが可能ですが，経営者のチェック（モニタリング）は，経営の素人である株主よりも経営の専門家に任せた方がよいという考え方も成り立ちえます。ただし，理念的には，経営者に資本の運用を任せたのは株主であり，いわば，経営者は代理人ですから，本人である株主が代理人の選任解任権を有するのは当然であるということになるでしょう。

　しかし，第3に，会社に実質的な出資を行っているのは株主だけでなく，債権者も資金を提供しているのに，なぜ債権者には議決権を与えないのでしょうか。これに対しては，一般に株主は危険資本の担い手であるから議決権を有するといわれます。しかし，出資に対してリスクを負っていることは債権者も変わりありません。

　会社債権者は会社に対して定期的に一定額の利子を受け取り，満期には元金の返済を受ける法律上の権利を有していますが，会社が倒産状態に陥ったケースを考えると，債権者の元利返済請求権が株主の残余財産分配請求権に優先するとはいえ，両者の負っているリスクの差は，本質的なものというより程度の差であるといえましょう。

Column

———— 株主の議決権の根拠とその動揺 ————

　ここまで議論してきた，なぜ株主にだけ議決権が与え
られるのかという問いに対して，法と経済学は，残余請
求権者という概念に解答を求めます。なぜなら，債権者
や従業員は，会社が倒産しない限りは，企業価値の増減
にかかわらず，事前に契約で決められた金額を受け取る
確定額請求権者ですが，株主は，確定額請求権者に支払
いを済ませたあとに残った残余財産に対して持分を有す
る残余請求権者ですから，会社をめぐる様々な利害関係
人の中で，将来の企業価値の増減に最も強い利害を有す
ると考えられます。それゆえ，株主は，企業価値を最大
化するために議決権を行使するはずであり，それは，経
済全体の効率性を高めることにつながります（ただし，
このような考え方に対しては，将来の企業価値の増大に
は，株主だけでなく，従業員や取引先も広い意味での利
益を有しており，彼らに議決権を与えない理由としては
不十分であるという反論も可能です）。

　このような，キャッシュフローに対する権利と議決権
の所在が原則として対応するという，会社法の前提が妥
当しない，エンプティ・ボーティングと呼ばれる現象が，
デリバティブ等の金融商品の発達に伴い恒常的に生じる
ようになりました。議決権行使の主体が，必ずしも企業
価値を最大化するインセンティブを有していない可能性
があるというにとどまらず，むしろ，企業価値を引き下
げるインセンティブを有している可能性すらあるという
点で，大きな問題になっていますが，どの国の法制度も
いまだ有効な対策を打ち出せていません。

　最近，内外の株式市場への新興企業の上場の際に問題
とされた複数議決権株式も，キャッシュフローに対する
権利と議決権の数が対応しない仕組みであり，賛否が分
かれています。

そして，第4に，会社に対する実質的な出資，および
リスク・テーキングということを重視するのであれば，
なぜ，従業員に対して議決権を与えないのかという疑問
を提起することも可能です。実際に会社を動かしている
のは経営者とともに従業員であり，従業員はそのキャリ
アを賭けているわけですから，ある意味では株主や債権
者よりも大きなリスクを負っており，従業員が経営者の
選択に関与したいという要求は，より切実であるという
こともできます。このことは，企業間における従業員の
流動性が低いわが国の企業社会においては，より妥当す
るように思われます。
　以上のように考えてみますと，資本多数決の原則は必
ずしも自明のものではないということに気付かれたと思
います。

(2)　株式と資本金の関係

　出資と支配を結ぶという，最も重要な株式の役割につ
いて述べましたが，ここでは株式と資本金はどのような
関係にあるのか，という点を説明しましょう。
　資本金という概念はなかなかわかりにくいものです。
貸借対照表の右側は，どのような形で会社資産を調達し
たかによって，負債の部（他人資本）と純資産の部（株
主資本のほかに評価・換算差額等を含みます）とに分け
られ，さらに株主資本は資本金，法定準備金，および剰
余金の3つに大きく分けられるということはすでに話し
ました（46頁以下参照）。
　資本金は，純資産の部の一つの構成要素です。また，
資本という言葉自体は，「資本主義」とか「資本家」な

どというように，いろいろな文脈（コンテクスト）の中で用いられることがありますが，これから話そうとしている資本という概念は，会社法の中で用いるテクニカルタームとしての「資本（金）」であるということに注意してください。

資本金とは，会社財産を維持する目標となる計算上の数字と考えられてきました。株主は会社債権者に対して何ら個人的責任を負いませんから，会社債権者の引き当てとなるものは会社財産以外にありません。そこで会社法は，株主有限責任の見返りとして，会社に資本金額に相当する財産から株主に配当などを行うことを禁じています（会社法461条）（資本維持の原則）（181頁参照）。

ただし，資本金額に相当する財産を維持できなくても減資をする義務は課されていませんから，資本金額に見合う会社財産が実在する保証はまったくありません。それでも，従来の商法は，拠出段階で増資額に見合う資産が拠出されることに意を用いましたが，会社法は，発起人や取締役等の払込担保責任・給付未済財産価額支払義務を廃止するなど，資本充実の原則を廃棄したと解されます〔ただし，2014年改正において，仮装払込等の場合の取締役等の責任は過失責任として復活しました（197頁参照）〕。その結果，資本金は，会社財産の株主への払い戻しに対する歯止めにすぎなくなりました。

会社法は，合名会社や合資会社のように，社員が会社債権者に対して人的無限責任を負っている持分会社にも，合同会社との並びで，資本金概念を導入しましたが（会社計算規則30条），会社財産の払い戻し規制の役割を果たしませんから，ほとんど意味がありません。

株主資本は，株主の出資と会社があげた利益とで構成されています。そのうち，資本金の基本的な材料は出資（会社が発行した株式を買う）ですが，出資（払込額または給付額）の全額が資本金になるとは限らず，また，会社のあげた利益が資本金に組み入れられることもあります。株式の払込額または給付額の全額を資本金に組み入れることが原則ですが，払込額または給付額の２分の１を超えない額は資本金に組み入れないことができます（会社法445条１項・２項）。株主の行った出資のうち，資本金に組み入れられなかった部分は資本準備金に組み入れられます（同条３項）。

　もともとは，企業活動の「元手」として，資本金と株式（元手としての出資に対して発行される）との間には密接な関係がありましたが，戦後の商法改正の歴史の中で，両者の関係は徐々に薄まり，今日では，ほとんど相関はありません。

(3)　株式の分割・併合，株式無償割当

　株式分割は，発行済み株式を細分化する会社の行為で，取締役会設置会社では取締役会決議により行うことができます（会社法183条）。会社財産も株主の持分割合も変わりませんから，株主の利益に影響はないはずですが，上場会社においては，１株当たりの利益配当を一定に保つ自信がなければ，株式分割を行わないのが通例ですので，分割比率が低い場合（たとえば株式数の１割増），１株当たりの市場価格も下落しないことが多く，株主は実質的な利益を得ることになります。

　とくに，剰余金の資本金組入れを伴う株式配当型株式

分割や法定準備金の資本金組入れを伴う無償交付型株式分割は，剰余金配当に代わる株主に対する利益還元方法として用いられてきました。

　また，1株当たりの株価が高くなりすぎた場合に，投資家が購入しやすい水準まで株価を引き下げるため，分割比率の大きい株式分割（たとえば株式数を2倍にする）が利用されることもあります。

　かつては，株式分割には，額面金額や1株当たりの純資産額の最低限による限定がありましたが，2001年商法改正によって両方とも廃止され，自由に株式分割が行えるようになりました。

　株式分割は同一種類の株式数が増加するものですが，会社法は，株式無償割当（会社法185条以下）という制度を新設し，ある種類の株主にその有する株式数に応じて異なる種類の株式を無償で交付することが可能なことを明らかにしました。

　株式併合は，株式分割の逆で，数個の株式を合わせて，株式数を少なくする会社の行為です。会社財産も株主の持分割合も変わりませんが，既存の株式が端数（会社法235条）となり株主の利益を害するおそれがあるため，株主総会の特別決議が必要です（会社法180条2項，309条2項4号）。

　株式併合は，少数株主の締出し（キャッシュアウト）のために用いることも可能であるため，2014年改正において，事前（会社法182条の2）・事後（182条の6）の情報開示，差止請求権（182条の3）および株式買取請求権（182条の4）が導入されました（219頁参照）。

(4) 単元株制度

単元株制度とは，会社は定款で，一定数の株式を1単元の株式と定めることができ，その場合，株主は1単元に1議決権を有するとするものです（会社法188条1項）。単元株式数は種類株式ごとに定めますから（同条3項），株式の種類に応じて，持株数に比して与えられる議決権の数を変えることによって，実質的に多議決権株を作り出すことも可能です。

旧商法時代，株式の大きさに関する規制については歴史的変遷がありましたが，2005年会社法において，1株に満たない端数株式にも一定の自益権を認めていた端株制度は廃止され，一定の規模に満たない出資の取り扱いについては単元未満株式制度に一本化されました。

単元未満株主は，株主総会における議決権の行使を認められず，残余財産分配請求権，剰余金の配当請求権，株式無償割当てを受ける権利，単元未満株式買取請求権などの一定のものは保証されますが，それ以外の権利の行使は定款によって排除されえます（会社法189条，会社法施行規則35条）。

(5) 株式の種類

株式会社は権利内容に差異のある株式を発行することができます。2001年・02年商法改正以来，このような種類株式の内容が大幅に自由化されました。会社法108条1項は，9種の種類株式を限定列挙していますが，それらを組み合わせることによって，様々な内容の株式を作ることができます。

自益権については，剰余金の配当ないし残余財産の分

配に関する優先株や劣後株などの普通株とは異なった権利を持つ種類株式を発行することが可能です（会社法108 条 1 項 1 号・2 号）。その内容・発行可能種類株式総数を定款で定めておくことが必要ですが，内容については，優先配当金額の上限などを定める必要はなくなり，配当財産の価額の決定方法や配当条件などを自由に定めればよいことになりました（同条 2 項 1 号・2 号）。

　株式の価値を特定の子会社ないし事業部の価値に連動するトラッキング・ストックの発行も可能です。会社法では，定款では内容の要綱のみを定め，具体的細目については株主総会・取締役会などに委任することもできるようになりました（同条 3 項）。

　剰余金配当に関する優先株を発行して，会社は，優先株主にあらかじめ定められた一定額の剰余金配当を行ったあとでなければ普通株主に対して剰余金配当を行うことができないものとすれば，そのような優先株は，一定の限度で，社債的な側面を持ちます。剰余金配当に関する優先株は，さらに累積的か否か，および，参加的か否かという 2 つの観点から権利の内容に差をつけることもできます。

　累積的優先株とは，ある年度に剰余金配当が行われなかった場合に，その年の配当優先権が次年度以降も継続するものであり，参加的優先株とは，利益が多かった年には一定額の優先配当額に上乗せして普通株主とともに多くの剰余金配当を受けることができるものです。それゆえ，非参加的累積的優先株は，社債に大変似ています。ただ一つ異なっている点は，累積未払い分が優先株主にとって確定した権利ではないということです。すな

わち，剰余金配当は社債における利息と違って，分配可能額があり，かつ株主総会が剰余金配当決議を行った時点においてはじめて確定した権利となります。

　ベンチャー・キャピタルがベンチャー企業に投資する場合に用いる優先株式においては，配当優先権よりも，むしろ残余財産分配優先権の方に重要な意義があります。必ずしも会社が清算される場合に限らず，会社が買収される場合（M&A）も清算とみなして，残余財産分配請求権の発生を認める「みなし清算条項」は，普通株主（創業者等）と優先株主（ベンチャー・キャピタル）の利害を調整し，双方にとって合理的なM&Aを実現させるために有用であり，会社法上も有効であるとする見解が有力になっています。

　また，共益権についても，議決権のまったくない株式だけでなく，一部の決議事項についてのみ議決権を行使できない種類株式を発行できます（議決権制限株式）（同条1項3号）。議決権制限株式の数は，公開会社では，発行済み株式総数の2分の1以下に限定されていますが（会社法115条），非公開会社にはそのような制限がありません。さらに，拒否権付株式も認められ，事項の限定なく当該種類株主総会の決議を要するとすることが可能です（同条1項8号）。

　非公開会社に限り，種類株主総会単位で，取締役・監査役を選任することもできます（同条1項9号）。ジョイント・ベンチャーやベンチャー企業において，株主間で合意した数の取締役の選任権限の分配を保障するために用いることができます（クラス・ボーティング）。

　そのほかにも，会社による株式の取得に関して，株主

側が選択権を持つ取得請求権付株式（従来の義務償還株式に相当）（同条 1 項 5 号）および会社側が選択権を持つ強制取得条項付株式（従来の随意償還株式に相当）（同条 1 項 6 号）があります。それぞれ，取得の対価を他の種類の株式と定めることができ，前者についてそのような定めをしたもの（同条 2 項 5 号ロ）は，従来の転換予約権付株式に相当し，後者についてそのような定めをしたもの（同条 2 項 6 号ロ）は，従来の強制転換条項付株式に相当します。また，会社法は，譲渡制限の有無を独立の種類としました（同条 1 項 4 号）。

　会社法において，新しい種類株式として導入されたのが，全部取得条項付種類株式です（同条 1 項 7 号）。この制度は，債務超過に陥った会社において，法的倒産手続きによらずに，多数決で 100%減資を行い，新たな資本を導入するために作られたものですが，規定の仕方は一般的な定めになっています。今日では，非公開化に続く少数株主の締出し（キャッシュアウト）などの目的に広く利用されています。2014 年改正において，事前・事後の情報開示が求められ，差止請求が認められるようになりました（219 頁参照）。

　また，種類株式の制度とは別に，すべての株式の内容について，会社に対する取得請求権を付けるなど，一定の特別の定めをすることができること（会社法 107 条），および，非公開会社では，株式の権利内容について株主ごとに異なる取り扱い（属人的定め）を行うことができること（会社法 109 条 2 項）にも注意する必要があります。

　投資家側および経営者側の様々なニーズに対応できる

様々な種類の株式には，資金調達を容易にする機能があ
りますが，同時に株主管理が複雑になるという問題点も
あります。すなわち，権利内容に違いのある株式を発行
すると，異なった種類の株主間において利害の対立が生
じる可能性があります。

　たとえば，一定限度の分配可能額をどのように分配す
るかについて優先株主と普通株主の間では経済的利害が
対立します。従来は，優先株主の権利を制限しようとす
る場合，あるいは合併などの場合には，株式の種類別に
株主総会を開かなければなりませんでしたが（旧商法
345条，346条），会社法は，この点についても定款自治
の範囲を広げ，株式の内容の変更など一定のものを除
き，種類株主総会の決議を省略することを可能にしまし
た（会社法322条2項・3項）。

2　株式の譲渡

(1)　株式の譲渡・担保化

　従来，株式の譲渡は，株券を交付することによって行
われていました。それゆえ，株式会社は株式の成立後遅
滞なく株券を発行する義務を負っていました。しかし，
会社法では，株式会社は，定款に規定がない限り株券を
発行しないことになり（会社法214条），株式の譲渡は，
意思表示のみで行われ，株主名簿の名義書換えが会社，
その他の第三者に対する対抗要件となります（会社法
130条）。株式に質権を設定する方法・対抗要件（登録
株式質）も同様です（会社法147条）。ただし，株券を
発行する場合の株式譲渡の効力要件は，従来通り，株券

引渡しであり（会社法128条1項），株券の引き渡しのみで行う略式質も存続しています（会社法146条）。

　2009年より，上場会社の株券が電子化され，上場株式等の譲渡・質入れは株式の振替制度（社債，株式等の振替に関する法律）によって行われています。これは，株式に関する権利の帰属は，振替機関等が作成する振替口座簿の記載・記録により定まるとするもので，株主として権利を行使すべき者の確定は，基準日（会社法124条1項）・効力発生日（会社法180条2項2号等）等に会社に対してなされる総株主通知にもとづく株主名簿の名義書換えによりなされ，株主が少数株主権等を行使しようとするときは個別株主通知を通じて，会社に知らせる必要があります（メディアエクスチェンジ事件⑮）。

(2)　出資の回収と株式譲渡自由の例外
株式譲渡自由の原則

　企業に投資する者にとって，将来いかにしてその出資を回収するかということが重要な課題であることは，いうまでもありません。合名会社や合資会社のような人的会社においては，会社から持分の払戻しを受けることによって出資の回収を行うことが前提となっているのに対して（会社法611条），株式会社のように構成員の有限責任を原則とする物的会社においては，出資の回収は株式を譲渡することによって行われるのが原則です。

　株主総会の決議を経れば，分配可能額の範囲内で持分の払戻しを受けることも可能ですが，それを権利として請求できるわけではありません（会社法156条）。ただし，会社法で導入された合同会社は，構成員の有限責任は株

式会社と同様ですが，出資の回収は，合名会社や合資会社と同様，退社による持分の払戻しによることを原則としています（会社法611条）。

とりわけ，不特定多数の投資家から出資を集めることを前提とする株式会社においては，より多くの投資家を引き付けるために，株式の流通性を高めることが不可欠の要請となります。そこで，株式譲渡の自由は株式会社制度における基本的な原則の一つであり，有価証券制度を利用することによって，株式の流通性を高め，さらに証券市場を整備することが必要となります。

株式会社においては，出資の払戻しを請求する権利が株主に認められていないため，株式譲渡の自由は株主にとって基本的な権利の一つですが（会社法127条），株式譲渡の自由には，いくつかの重要な例外があります。

事務処理上の時期的制限

第1に，会社の事務処理上の観点から，時期的な制限があります。株式成立前における株式引受人の地位（権利株）の譲渡は会社に対する関係では効力がありません（会社法35条，50条2項，63条2項，208条4項）。また，株券発行会社において株券が発行される前に行われた株式の譲渡も会社との関係では効力がありません（会社法128条2項）。ただし，小規模な株券発行会社において，株券発行前の株式の譲渡の効力を会社が常に否定できるとすると，結局，支配株主が少数株主の株式譲渡の自由を奪うことを認める結果になってしまいます。そこで判例は，会社が不当に株券の発行を遅らせている場合に，株式譲渡の効力を否定することは信義則に反して許されないと解しています（和島興業事件A4）。

独占禁止法の規制

　株式譲渡の自由の第2の制限としては，独占禁止法の規制をあげなければなりません。独占禁止法9条は，事業支配力が過度に集中するような株式の取得を禁止していますし，独占禁止法10条，14条は，競争の実質的制限，あるいは不公正な取引方法に当たるような株式の取得を禁止しています。すなわち，競争会社や取引先企業の株式を取得することが競争政策上好ましくない効果を生じる時には，そのような株式の取得は禁止されることがあります。また，独占禁止法11条は，とくに銀行および保険会社に対して，それぞれ，他の会社の5%超，10%超の株式を取得することを禁止しています。

定款による譲渡制限

　最後に，株式譲渡自由の原則は，非上場会社においては2つの意味で変質しています。まず，非上場会社の株式には流通市場がありません。法的に株式譲渡の自由が認められているといっても，実際に買い手が見つからなければ，それは絵に描いた餅です。とくに，経営陣が少数株主を不公正に取り扱っているような場合，上場会社の少数株主は持株を流通市場において売却して出資を回収することができますが，非上場会社の少数株主は出資を回収する現実的な手段が限られており，会社に閉じ込められた状況になってしまいます。

　また，主として支配株主側の要請を反映し，定款によって株式譲渡の自由を制限することが認められています（会社法2条17号，107条1項1号）。株式会社の制度は，そもそも不特定多数の株主が，流通市場において株式を売買することによって，常に株主が変動することを前提

としていますが，実際にはわが国における株式会社のほとんどは非上場会社であり，通常，株主の変動はありません。

　会社法は，そのような会社における閉鎖性維持の要請を認め（一人会社につき，エルム事件・民集47巻9号1489頁参照），株式の譲渡には会社の承認を要するという定めを定款に置くことを許しました。ただし，定款の譲渡制限の定めに違反して株式の譲渡が行われても，会社がそれを認めないことができるというだけで，当事者間における売買契約自体は有効です。

　この承認の決定は，原則として株主総会（取締役会設置会社においては，取締役会）の決議によりますが，定款で別段の定めをすることも可能です（会社法139条1項）。ただし，会社が単に譲渡を承認しないことは認められず，株式を譲渡しようとする株主（会社法136条）または株式取得者（会社法137条）から請求があった時には，一定期間内に承認するか，会社自らが買い取るか，別に指定買取人を指定しなくてはなりません（会社法140条）。株主に出資を回収する道を確保するためです。当事者間で買受価格の折り合いが付かない時は，裁判所に評価を求めることができます（ダスキン共益事件・判時1324号140頁）（会社法144条2項）。

　しかし，株式譲渡の制限は，株主にとって極めて重要な権利の制限になりますから，定款変更によって全部の株式の譲渡制限を行う場合には，一般の定款変更よりも厳格な要件を課し（会社法309条3項1号），また，反対株主には株式買取請求権（207頁参照）を認めています（会社法116条1項1号）。一部の種類株式にのみ譲

Column

―――――― 譲渡制限株式の評価 ――――――

　譲渡制限株式の評価は，非上場会社における内部紛争の解決にとって極めて重要な解釈問題を提起しています。少数株主が法的に投下資本の回収を求めることができる機会は限られていますが（組織編成等の際の株式買取請求制度（207頁参照）もあります），そこで裁判所が下す株式の評価額には，裁判所がいかに支配株主と少数株主の経済的利害を調整したかが表れます。

　譲渡制限株式は，上場株式と異なり，市場株価がないため，剰余金の分配請求権に着目する方法や残余財産の分配請求権に着目する方法（例えば，純資産法）を複数併用して算定することが多く，会社の継続可能性が高いと考えられる場合には，前者の比重を高くし，その中でも，支配株主の保有株式については収益還元法やDCF法が，議決権割合の小さい少数株主の保有株式については配当還元法が，それぞれ重視される傾向があります（大成土地事件⑰）。また，株式買取請求権の「公正な価格」（207頁参照）について，非流動性ディスカウントを適用すべきはないとした判例（道東セイコーフレッシュフーズ事件㊅）があります。

　しかし，少数株主が将来にわたって実際に受け取るであろう配当額の現在価値を評価額とすると，少数株式の客観的価値には近づきますが，支配株主が不当に利益配当を抑制している会社ほど評価額が低くなることになります。また，実際の紛争例では，むしろ事業を継続するよりも資産を売却した方が有利である例が多く，そのような場合に資産価値をどのように考慮するかなどの点について議論が分かれています（ミカサ事件・金判1320号49頁参照）。

渡制限を付することも可能であり，また，譲渡制限の有無自体が独立した株式の種類として認められています。

　なお，会社法では，譲渡制限株式について，定款で定めれば，会社が相続人に対して売り渡し請求ができるとする制度ができました（会社法174条以下）。

　かつて，商法で認められた制度と異なった譲渡制限をどこまで株主間契約で定めることができるかという問題が論じられましたが，会社法は，株式譲渡制限に関する定款自治を大幅に広げました。たとえば，指定買取人をあらかじめ定款で定めておくことも可能になり（会社法140条5項），実務で広く用いられている先買権条項にも対応できます。ただし，売買価格の算定方法をあらかじめ定款で定めておくことは認められていません。さらに，一定の場合に承認を不要とする定めなども可能になりました（会社法107条2項1号ロ）。

　また，会社法は，全部の株式に譲渡制限が付されているか否かで，株式会社を「非公開会社」と「公開会社」とに二分し（会社法2条5号），機関構成の選択や定款自治の範囲を中心に，規制の仕方を大きく変えています。定款にすべての株式についての譲渡制限の定めを置くか否かは，適用される会社法の規定を選択するという意義をも有しています。

(3)　自己株式の取得・保有・処分

　会社が自社株を買い取る「自己株式の取得」は，かつては，原則として禁止されていました。その理由として，①出資の払い戻しになるので，資本維持の原則に反すること，②会社が一部の株主の持株だけを買い取ると，株

主平等原則に反すること，③現経営陣が自らの地位を確保するために利用する可能性があること，④インサイダー取引や相場操縦が行われる危険があること——の4点が指摘されていました。

しかし，自己株式の取得には，余剰資金を株主に返還して資本効率を高めるなどの利点もあり，1994年の商法改正以来，急速に許容範囲を拡大してきましたが，ついに2001年の商法改正で，一般的に容認されることになりました。上記の弊害については，手続き的な対処が施されました。

自己株式の取得は剰余金分配の実質を有することから，剰余金の配当と同一の規制がなされます。すなわち，取得財源を分配可能額に限定し（会社法461条1項2号・3号），原則として，株主総会決議による取締役会への授権が必要ですが（会社法156条，157条），会計監査人設置会社で取締役の任期を1年以内に限定している会社では，取締役会が定める旨を定款で定めることができます（会社法459条1項1号）（市場取引などにより取得する場合に，自己株式取得を取締役会が決定できる会社の範囲を拡大する例外的取り扱いについて，会社法165条2項・3項参照）。

また，株主平等原則の問題に対処して，市場取引ないし公開買付によらずに，特定の者から株式を買い取る場合には，株主総会の特別決議を要求し（会社法160条1項，309条2項2号），かつ，他の株主も当該議案に自己を売主に加えるよう請求できます（会社法160条3項）。ただし，市場価格以下での取得（会社法161条）や相続人からの取得（会社法162条）の場合には売主追

加請求権は適用されず，また，定款でこの請求権を排除することも可能です（会社法164条）。

　2001年改正のもう一つの重要な点は，自己株式の保有（これを「金庫株」と呼ぶことがあります）を任意に認めたことです。ただし，保有する自己株式については議決権その他の共益権を行使できず（会社法308条2項），剰余金配当請求権もありません（会社法453条）。株主に対し募集株式を割り当てる場合にも，自己株式に対して割当をすることはできません（会社法202条2項）。また，自己株式は，貸借対照表上，純資産の部の控除項目となり（会社計算規則76条2項5号），したがって，分配可能額に含まれません。

　会社は，保有する自己株式を消却することができます（会社法178条1項）。その際，取締役会決議で消却する自己株式の種類・数を決定します（同条2項）。なお，会社法では，株式の消却は自己株式の消却のみが認められ，従来認められていた，株主が保有している株式の強制消却の制度は廃止されました。ただし，株式の強制取得をして（会社法107条1項3号・2項3号），自己株式の消却を行えば，同じことが可能です。

　自己株式の処分は新株発行と同様の効果を有することから，会社法では，「募集株式の発行等」として，新株発行と同一の規制がなされます（会社法199条）。これにより，取締役が支配権維持のため自己株式を自派の者に譲渡しようとするなど，違法な自己株式の処分については，違法な新株発行と同様，差止め，差額支払い請求，処分無効の訴え・不存在確認の訴えの提起などの措置をとることができます（会社法210条，212条，828

条1項3号・2項3号，829条2号，834条3号，841条）。

　子会社が親会社の株式を取得することは，引き続き禁止されます（会社法135条）（三井鉱山事件⑲）。親会社株式を取得した場合，子会社は相当の時期にそれを処分しなければなりません（会社法135条3項）。第三者への処分が容易でない場合もあるので，親会社が子会社から自己株式を取得するための簡易な手続きが用意されています（会社法163条）。

　また，子会社のみならず，他の会社に25％以上の議決権を保有されているなど，その経営を実質的に支配されている会社は，相手方会社の株式を保有していたとしても，議決権を行使することができません（会社法308条1項）。このような形で株式相互持合いに対する一定の規制が行われています。

(4)　証券市場の整備と金融商品取引法

　上場会社は，証券市場における株式の売買を通じて常に株主が変動しています。証券市場を，常に健全かつ活発な状態に保っておくことは会社にとっても株主にとっても，また潜在的な株主（投資家）にとっても重要なことです。その役割を担っているのが，金融商品取引法（以下，金商法）です。

　金商法と会社法を比較すると，会社法は株主と会社債権者の保護および両者の利害の調整を目的としていますが，金商法は投資家保護を第一の目的としています。また，会社法はすべての会社に適用されるのに対し，金商法は上場会社およびそれに類する会社にのみ適用されます（たとえば，金商法24条1項）。そして，金商法の規

制は主として情報開示（ディスクロージャー）を促進するという形で行われます。その意味では，情報開示に関しては企業の実態に応じた規制がなされており，金商法は会社法とともに上場会社法を構成しているといえます。

金商法の開示規制は，会社が資金調達のため新規に証券を発行する発行市場と，そのようにして発行された証券が投資家の間で売買される流通市場とに分けられます。

発行市場において資金を調達しようとする会社は，その新株発行が一定の条件に該当した場合，内閣総理大臣に対する有価証券届出書の提出と，投資家に対する目論見書の交付を通して企業情報の開示が義務付けられます（金商法4条以下，13条以下）。

さらに流通市場に対する情報開示として，上場会社などは内閣総理大臣に有価証券報告書や内部統制報告書を提出して，継続的な企業情報の開示を行うことが義務付けられています（金商法24条以下）。

また，金商法は，証券市場における不公正取引を禁じています（金商法157条，197条1項5号）。とくに風説の流布・偽計取引（金商法158条，173条，197条1項5号），相場操縦（金商法159条，174条，197条1項5号）および内部者取引（インサイダー取引）（金商法166条，167条，175条，197条の2第13号）に関しては，詳細な規制を行っています。

前2者は，市場における自然な価格形成を人為的に操作しようとする一連の行為を規制するものであり，後者は，市場における価格形成に重要な影響を及ぼす一定の未公開情報（内部情報）を取得した内部者，および内部

Column

———— 内部統制システムと J-SOX 法 ————

内部統制システムとは，業務の有効性および効率性，財務報告の信頼性，および法令などの遵守（コンプライアンス）が達成されていることを合理的に確保するためにデザインされた組織的プロセスをさします。

会社法は，すべての大会社に内部統制システムの構築を義務付け，基本方針の決定は取締役会自身が行わなくてはならないとしています（会社法362条4項6号・5項等）。

適切な内部統制システムの構築を怠ったこと自体が，取締役の善管注意義務違反を構成することになります（義務違反を否定したものとして，日本システム技術事件⑩参照）。

大会社においては，法的な業務調査権限の有無にかかわらず，取締役や監査役自身が調査を行うことを前提としたシステムは現実的でなく，従業員によって構成される，内部監査部門やコンプライアンス室による調査体制を整える必要がありますが，経営者に都合の悪い情報が，監査委員会や監査役会に適確にレポートされるシステムを確保することは容易ではありません。

なお，金商法は，2006年の改正において，上場会社などに対して，有価証券報告書とあわせて内部統制報告書を提出し，内部統制監査人の監査証明を受けることを義務付けました（金商法24条の4の4第1項，193条の2第2項）。

これは，アメリカのSOX法にならって制度化されたため，J-SOX法とも呼ばれています。

会社法上の内部統制システムは事業全般にわたるリスク管理体制をさす幅広い概念ですが，金商法の内部統制報告制度の対象は財務報告に係る内部統制に限定されます。

者から情報を受領した者が，そのような内部情報を利用して株式の売買を行うことを規制するものです。

また，内部者取引を一般的に規制するため，役員および10%以上の株式を有する株主は，会社の株式を6カ月以内に売買して得た利益を会社に返還しなければならない義務を負います（金商法164条）。さらにそれらの者は，売買などについて内閣総理大臣に報告する義務が課せられています（金商法163条）。以上のような法規制の公的執行機関として証券取引等監視委員会があり，違法行為に対する調査や勧告・告発を行っています。

株価は株式の買い占め等によって乱高下し，その情報に接しえなかった一般投資家が不測の損害を被ることがあります。1990年証券取引法改正において，市場の透明性をもたらすため，株式大量保有開示制度が導入されました（金商法27条の23〜30）。

上場会社などの株式の5%超を保有するものを大量保有者として（5%ルール），大量保有報告書を内閣総理大臣に提出することを義務付け，さらに，大量保有者の保有割合が1%以上増減するごとに変更報告書を提出しなければならないとしています。

日常の事業活動として大量の有価証券を取引する機関投資家等が会社の経営に影響力を行使する意図を持たずに行う株式等の大量保有については，情報開示義務を緩和する特例報告制度が設けられていますが（金商法27条の26），それを悪用する事例が目立ったため，2006年改正において，特例報告制度の厳格化が行われました。機関投資家のコーポレート・ガバナンスへの関与（147頁参照）を推進する観点からは，疑問があります。

　また大量保有開示の基準に合わせて，上場会社などの株式を，市場外で，10名を超える者から買い付け，その結果所有割合が5%を超える場合には公開買付（203頁参照）によることを強制しました。売主が10名以下でも，所有割合が3分の1を超える結果になる場合には公開買付によらなければなりません（金商法27条の2）

Column

─────── ベストプラクティス・コード ───────

　ベストプラクティス・コードは，ベストプラクティスの原則を示しますが，それを実施するか否かを各企業が選択し，実施しない場合には，その理由を説明することを求める「コンプライ・オア・エクスプレイン」アプローチと呼ばれる規制手段を用いています。

　2014年に，企業の持続的成長を促すべく，機関投資家に，責任ある議決権行使と経営者との建設的な対話（エンゲージメント）を行うことを求める「日本版スチュワードシップ・コード」，2015年に，上場企業に，独立性の高い取締役会の構成や，株主との対話を求める「コーポレートガバナンス・コード」が公表されました。

　2017年に改訂されたスチュワードシップ・コードでは，議決権行使の個別開示等，2018年に改訂されたコーポレートガバナンス・コードでは，指名諮問委員会の設置や持合株式等の政策保有株式を売却しないことのより具体的な理由の開示等が求められました。2020年に改訂されたスチュワードシップ・コードでは，運用戦略に応じたESG要素を含む中長期的な持続可能性の考慮が求められました。2021年に改訂されたコーポレートガバナンス・コードでは，東京証券取引所の市場区分の変更を視野に取締役会の機能を発揮するためのさらなる取り組み等が求められました。

（3分の1ルール）（119頁参照）。2006年改正法は，「不意打ち」防止（金商法27条の2第1項4号），および，競合する買付者間の公平性（金商法27条の2第1項5号，施行令7条5項）の観点から，3分の1ルールを強化しました。さらに2006年の改正では，零細株主保護の観点から，公開買付成立後の保有割合が3分の2を超える場合には，全部買付義務が課されることになりました（3分の2ルール）（金商法27条の13第4項，施行令14条の2の2）。2024年改正では，3分の1ルールの閾値を30％に引き下げ（30％ルール），従来は適用対象外であった市場内取引にも30％ルールを適用することになりました（改正金商法27条の2第1項1号）。

　金商法は，発行市場におけるアンダーライターとして，また流通市場におけるディーラーおよびブローカーとして，証券市場で中心的な役割を果たす証券会社や機関投資家として資産運用を行う投資運用業者に対する行政監督的規制（金商法28条以下）をも行っていますが，これも投資家保護にとって極めて重要なものです。

第5章

会社の資金調達手段

会社の資金調達は，他人資本によるものと自己資本によるものがあります。銀行借入や社債発行などは他人資本，新株発行などは自己資本による調達です。社債には普通社債，転換社債，ワラント社債があります。新株発行には株主割当増資，公募増資，第三者割当増資があります。

1 資金調達とは

(1) 資金調達の意義と貸借対照表

　企業活動を行うためには、「ヒト」と「モノ」と「カネ」が必要です。第3章において、「ヒト」の要素、第4章において「ヒト」と「カネ」との関係について述べましたが、本章においては、「カネ」と「モノ」との関係について説明します。

　企業活動は、資金調達過程、資本投下過程、資金回収過程、そしてまた資金調達過程というサイクルで行われています。製造業を例にとれば、資金調達過程で得た貨幣（カネ）を資本投下して、製造に必要なモノ、たとえば機械や原材料や労働力を購入します。そのように投下された資本は製造工程を経て製品となりますが、次にその製品を販売して資金を回収します。ここでもう一度「モノ」が「カネ」に換わったことになります。

　通常の企業活動の過程では、このようにして回収した資金の一部を再び資本投下することによって、このサイクルが繰り返されるわけです。しかし、企業規模の拡大や多角化などの大きな資金需要が生じた場合には、特別の資金調達手段を考えなければ賄いきれません。

　第2章1節 (2) で述べたように、企業活動における「モノ」と「カネ」の関係を示す重要な計算書類が貸借対照表です（図2-2 および173頁参照）。

　貸借対照表の左側は資産の部と呼ばれ、会社の保有する資産が流動性の高い順に記載されています。資産の部を見れば、経営者が、どのような資本投下を行ったか、

ひいてはどのような経営方針を持っているかをうかがい
知ることができます。

　これに対して貸借対照表の右側は，負債の部と純資産
の部に分かれています。これは左側に記載されている資
産（モノ）を購入するための「カネ」をどうやって調達
したのか，すなわち資金調達の方法を示しています。

　負債の部は借入によって調達した資金の量を示し（他
人資本），純資産の部は，原則として，株主による出資
および会社があげた利益の形で調達された資金の量を示
しています（自己資本）。

　以上のように貸借対照表は，右側に示した方法で調達
した資金を，どのような形で資本投下したかを左側に示
しているものですから，左右の金額は論理的に一致する
のでバランス・シートとも呼ばれています。

　右側の負債の部と純資産の部との比率は，その会社の
財務体質を示しています。企業の財務体質を示す最も基
本的な物差しが自己資本比率で，総資産に対する純資産
の割合で示されます。自己資本比率が低い，すなわち，
資金調達の多くを借入に頼っている会社は，経営状態が
悪化した場合に容易に支払い不能の状態に陥る危険性が
高く，財務体質がよくないといわれます。

　しかし，自己資本比率が高ければよいというわけでは
ありません。仮に，資金調達をすべて自己資本によって
賄い，まったく借入をしないとすれば，借入によるテコ
の作用（レバレッジ：たとえば，すべて自己資本で100
万円投資して200万円戻ってきたとすれば，利回りは
100％ですが，投資した100万円のうち50万円を借入で
賄っていた場合には200％の利回りになります）を使う

ことができないので，その企業の発展性は大きく限定されてしまいます。

　成長期の企業はある程度のリスクを覚悟して，借金をテコに大きく成長しようという政策をとり，成熟期に入るに従って，徐々に自己資本比率を高めるようにするのが一般的です。いずれにしても，負債と自己資本の比率をどのように組み合わせるかは最も重要な経営判断の一つです。

　図5-1は，一般にわが国企業の自己資本比率が高度経済成長期において低かったこと，すなわち借入のレバレッジ効果を大きく使った経営を行ってきたという事実を裏付けています。

　しかし，自己資本比率は一貫して下がり続けたものの，全産業ベースでは1976年，資本金10億円以上の企業に関しては75年を底に上昇に転じています。これは高度成長期においてわが国の企業の資金需要が極めて旺盛であり，その資金需要が主として借入，とくに後述するように銀行ローンによって賄われたこと，次に，経済が安定成長期に入ると，企業の資金需要も低下し，また上場企業はとくに時価発行増資によって証券市場から資金を調達するようになったことを示しています。

　全産業ベースの自己資本比率が大企業ベースの自己資本比率より低いのは，非上場会社は証券市場からの資金調達を行うことができないので，銀行借入を中心とした資金調達手段に頼らざるをえないからであると思われます。最近では，とくに大企業の自己資本比率が上昇し続けていることに対して，適切なリスクをとる経営ができていないのではないかとの懸念も出ています。

図 5-1　自己資本比率の推移

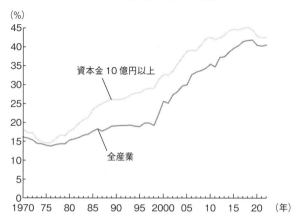

(出所) 財務省『法人企業統計年報』各年版

(2)　資金調達の形態

　前項では，自己資本か他人資本かという観点から資金調達の方法について触れましたが，資金調達の形態はさらにいろいろな観点から細かく分類できます（図 5-2）。

　資金調達を行うか否か，どのような規模で行うか，そして，どのような資金調達形態を選択するかは，経営判断の問題であり，多額の借財を行う場合には取締役会の決議が必要です（会社法 362 条 4 項 2 号）。また，会社法はとくに「社債の発行」および「募集株式（新株）の発行」は取締役会決議事項であると定めています（会社法 362 条 4 項 5 号，201 条 1 項）。

　剰余金の中からどれだけ株主に配当を行い，どれだけ内部留保するかということも資金調達の問題と考えることができますが，わが国では，その判断が株主の利益と

図5-2　資金調達の形態と貸借対照表の考え方

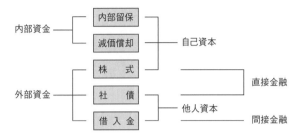

密接に関連していることを重視し，株主総会決議事項
（会社法 454 条）としてきました（アメリカでは取締役
会決議事項です）。会社法においては，会計監査人設置
会社で，一定の条件を備えた場合は，取締役会で剰余金
の配当を決定できることになりました（会社法 459 条）。

　資金調達の形態の選択に当たっては，経営者は次のよ
うな判断を行います。まず第1に，資金需要の金額から，
それを会社内部に存在する内部資金で満たすことが可能
か，外部資金を調達する必要があるかを判断します。

　内部資金とは，具体的には内部留保，および減価償却
累計額として会社内部に蓄積されてきたもので，経営者
の管理下にあり，経営者にとってコストのかからない資
金です。これに対して外部資金は，新株発行，社債発行
および銀行借入に大きく分けられ，利子の支払い，ある
いは配当の支払いという形でのコストがかかります。そ
のコストは市場利子率や証券市場の動向によって変化し
ますので，経営者はその状況において最もコストがかか
らない調達手段を選択することになります。

　もちろん，株主の立場からすれば，配当支払いをコス

トと見るのはおかしな話ですし，内部留保による調達も
資本コストですが，経営者は往々にして以上のような考
え方をとるものです。

　また，以上のようなコスト以外にも，経営者にとって，
考慮しなければならない問題があります。社債発行また
は銀行借入によって調達した資金は他人資本であり，自
己資本比率を低下させることになります。これに対して
新株発行による資金調達は自己資本に入り，自己資本比
率は改善されますが，公募増資を行った場合にはそれだ
け浮動株の割合が増えることになるので，経営陣として
は，その分，安定株主工作に配慮しなければならなくな
るでしょう。

　さらに外部資金は，証券がらみか，銀行借入かという
ことから直接金融と間接金融に分けることができます。
社債または新株の発行によって証券市場から企業が直接
資金を調達するやり方を直接金融といい，これに対して
銀行や生命保険会社が一般大衆から集めた資金を借り入
れる方法を間接金融といいます。ただし，証券市場から
直接資金を調達できるのは上場会社に限られ，非上場会
社は基本的には銀行借入に頼らざるをえません。

　1970年代には，外部資金調達のほとんどは銀行借入
によって賄われていましたが，80年代には，その割合
が急速に減少し，株式と社債による資金調達の割合が増
えました。また，資金調達の国際化が急速に進展しまし
た。90年の株価暴落後，一時的な銀行回帰もありまし
たが，その後再び大企業の銀行離れと社債発行の増加が
見られます。ただし，いわゆるリーマン・ショックが起
きた2008年には，大企業も，倒産リスクを減らすため

の予備的動機による借入を増やしました。

Column

────── メインバンク制度とその変遷 ──────

　日本企業の資金調達とコーポレート・ガバナンスを特徴付けてきたメインバンク制度が大きく変化しています。メインバンクとは，単に顧客企業への貸出額が一番大きな銀行というにとどまらず，株式相互持合いの中核となる大株主であり，当座預金口座の管理や担当者間のコミュニケーションを通じて得られる顧客企業の情報に基づいて，平時のモニタリングおよび資金調達における主導的な役割を果たし，さらに，顧客企業の財務状況が悪化した場合には，経営に介入して，企業再建における主導的役割を果たすことが期待されている銀行です。

　このようなメインバンク制度は 1960 年代から 80 年代初頭まで最もよく機能しました。ところが，80 年代に入り，社債発行等の規制緩和が進むと，優良企業がエクイティ関連社債を発行して資本市場から直接資金を調達する，大企業の銀行離れが進みました。90 年代に入って，バブル崩壊に伴う不良資産問題が深刻化し，97 年の銀行危機後，銀行は持合株式を急速に減らしましたが，その際，優良企業の株式を売却し，自行への依存度が高い企業の株式保有は継続しました。

　今日，日本の上場企業は，資本市場からの資金調達が容易で，メインバンクに依存する必要のない企業群と，銀行借入以外の資金調達手段を持たず，メインバンクへの依存度をむしろ高めている企業群に，2 極分化しています。ただし，優良企業の急激な業績悪化に際して，メインバンクが再建過程で主導的な役割を果たす例も見られ，メインバンクの役割が終わったわけではないことがわかります。

2　新株発行

⑴　新株発行（募集株式の発行等）の3つの方法

　会社法は，新株発行と自己株式の処分は経済的に同一の意義を有することから，両者に同一の規制をすることとし，両者を包含する概念として「募集株式の発行等」ということばを用いることとしました。以下，本書では，「新株発行」の語を用います。

　新株発行とは，自己資本によって資金を調達するための手段です。新株発行によって資金調達を行うと自己資本比率は改善されますが，発行済株式総数が増加するので，それだけ企業にとっては配当負担が増えます。

　外部資金調達手段の中で，新株発行が近年急速にその比率を高めていることはすでに見ましたが，新株発行はさらに株主割当増資，公募増資，および第三者割当増資の3つに分けることができ，この3つの方法の使い分けも変化しています。

　株主割当増資は株主に株式の割当を受ける権利（会社法202条1項）を与え，持株比率に応じて新株を発行するもので，会社の支配構造に変更を加えず，時価より安い価格で株式を発行しても損をする人は出ません。公募増資は，各株主，あるいは特定の第三者に株式の割当を受ける権利を与えることなく，広く新株の引受を募集する形の新株発行です。第三者割当増資は，株式の持分割合とは無関係に特定の第三者に対して株式の割当を受ける権利を与えることによって行われる新株発行です。

　第三者割当増資を時価より低い価格で行うと，既存の

株式の価値が損なわれることになるため，割当を受けなかった株主は経済的損失を被ることになります（非上場会社の事例で，発行価額算定方法の合理性の観点から有利発行には当たらないとした，アートネイチャー事件㉑）。そこで会社法は，公開会社についても，時価より低い価格で新株を発行する第三者割当増資に対して株主総会の特別決議を要求しています（会社法 201 条 1 項，199 条 3 項，309 条 2 項 5 号）。

また，たとえ時価によって発行されたとしても，第三者割当増資が行われると必然的に持株割合が変化するため，支配権争奪の手段として利用されたり，敵対的企業買収に対する防衛手段として用いられることがあります。企業買収の手段にもなり得ます（アイワ事件(95)）。東京証券取引所は，希薄化率が 25% 以上となる第三者割当増資に対して手続き的規制を行っています。

⑵ 既存株主の利益の保護

取締役会の裁量権限とその制限

新株発行は，資金調達効果だけでなく，やり方によっては会社の支配構造に変更を加える手段になりますが，わが国の会社法は新株発行の資金調達手段としての側面を重視し，機動的な資金調達を可能とするため，公開会社の取締役会に大きな裁量権限を与えています。

その現れの一つが授権資本制度であり，これは，公開会社においては，定款に定められた発行可能株式総数の 4 分の 1 を設立時に発行すれば（会社法 37 条 3 項），取締役会は独自の判断によって残り 4 分の 3 の枠内で新株を随時発行することにより資金調達を行うことができる

というものです。公開会社では，さらに割当自由の原則が認められており，株主に株式の割当を受ける権利がない限り，誰に対してどれだけ新株を割り当てるかも取締役会限りの判断で行えることになっています。

　会社法は，公開会社については，特に有利な価格で第三者割当増資が行われる場合には株主総会の特別決議を要求するという形で，株式の価値が損なわれることに対して一定の歯止めをかけても，持分比率の低下に対しては，原則として考慮しないという形の割り切った対応をしてきましたが，2014年改正において，支配株主の異動を伴う第三者割当増資ないし公募増資については，取締役会の裁量権限に一定の制約が加えられました。

　すなわち，議決権の過半数を取得することになる「特定引受人」が生じることになる株主割当以外の増資を行う場合には，事前の情報開示が求められ（会社法206条の2第1項・2項），議決権の10%以上を有する株主が反対通知を行った場合には，株主総会決議による承認を受けなければならないとしました（206条の2第4・5項）。

　ただし，会社の財産の状況が著しく悪化している場合において，会社の事業継続のため緊急の必要がある時には，株主の反対通知があっても，株主総会の承認を要しないとされています（206条の2第4項但書，商業登記法56条5号）。

　これに対して非公開会社においては，持分比率が決定的意味を持つ場合が多く，実際に濫用的第三者割当増資の弊害が大きかったため（マンリー藤井事件⑩），1990年商法改正において，非公開会社の新株発行は原則として株主割当の方法により，それ以外の方法による場合に

は株主総会の特別決議を要求することになりました（旧商法280条ノ5ノ2）。さらに2005年会社法制定時に，非公開会社の，すべての新株発行について，原則として，株主総会の特別決議で定めることとしました（会社法199条2項，309条2項5号）。ただし，1年間に限り，一定の範囲で，発行決議を取締役（取締役会）に委任（特別決議要）することができ（会社法200条），また定款に定めがある場合は，株主割当については，取締役（取締役会）が決定できます（会社法202条3項1号・2号，5項）。非公開会社については，設立時における最低発行割合の規制はありません（会社法37条3項但書）

情報開示

このように新株発行はいろいろな形で既存の株主の利害に影響を及ぼしますから，新株発行を行おうとする公開会社は払込期日（または払込期間の初日）の2週間前までにどのような形の新株発行を行うのかを株主に対して通知公告する必要があります（会社法201条3項・4項）。ただし，非公開会社では，いずれにしても株主総会が必要なので，通知公告義務はなく，公開会社でも，金融商品取引法にもとづく届出をしている場合は，通知公告義務はありません（同条5項）。

適正な出資の確保

新株発行の際にも，設立の場合と同様（196頁参照），出資が適正に行われることを確保する必要があります。現物出資に対する検査役調査もやはり必要ですが（会社法207条），会社法では，弁済期到来済みの金銭債権の出資に関する検査役調査を免除し（同条9項5号），倒産に瀕した企業の債務の株式化（デット・エクイティ・

スワップ）を容易にしました。また，会社法では，資本増加の変更登記後は，未引受分，未払込分に対して取締役が共同で資本充実責任を負う（旧商法280条ノ13）という規定は削除されましたが，2014年改正において，出資を仮装した引受人は，会社に対し，仮装した払込金額等の全額の支払い義務を負い（会社法213条の2），それに関与した取締役等も引受人と連帯して支払い義務を負う（213条の3）という規定が入りました。

新株発行の差止

法令・定款違反〔たとえば，株主総会の特別決議なしに特に有利な発行金額での第三者割当増資を行う場合（第二次宮入バルブ事件⑳）〕または，著しく不公正な方法（たとえば，経営者がその資金調達権限を利用して自らの経営権を守ろうとする場合）による新株発行によって株主が不利益を受けるおそれがある場合には，株主は会社に対して新株発行の差止を請求できます（会社法210条）。

とくに後者の，不公正発行か否かという問題に対して，わが国の判例は，いわゆる「主要目的ルール」という立場をとってきました。本来会社の資金調達を円滑ならしめるために与えられた権限を，経営者が支配権を維持することを主要な目的として行使することは不公正発行に当たるが，仮に，支配権維持の目的があったとしても，資金調達目的が優越していれば，それは不公正発行に当たらないというものです（小林百貨店事件・判時493号53頁，タクマ事件・判時1290号144頁，宮入バルブ事件・判時1323号48頁，ベルシステム24事件(96)。公募増資の例は，出光興産事件・金判1532号57頁）。

実際には，資金調達の必要が認定されれば，それが支配権維持目的に優越するとされてきました。結局，現経営陣が会社の資金調達の必要性を主張した場合に，裁判所がそれを否定することは極めて困難ですから（例外として，忠実屋いなげや事件・判時1317号28頁），わが国の判例は，経営陣の第三者割当増資の利用に対して極めて寛容な態度をとっていたといえるでしょう。

ところが，従来型の第三者割当増資に近いケースで，2005年に東京高裁が，主要目的ルールに基づきながら，当該新株予約権発行は支配権の維持を目的とする不公正発行であるとして差止請求を認めて（ニッポン放送事件⑨⑦）以降，判例の流れに変化が生じました。

その直後に，経済産業省と法務省が共同で「企業価値防衛指針」という，事前の買収防衛策の導入・発動が有

Column

──── 敵対的企業買収と防衛策 ────

敵対的企業買収とは，株式を買い集め，現経営陣の承諾なしに会社支配権を取得することで，1980年代のアメリカで活発に行われましたが，わが国では株式相互持合いなどによる株主の安定化が進んでいたため，ほとんど例がありませんでした。敵対的企業買収は，株主が経営陣を選ぶという株主主権の端的な表現ですが，現経営陣から見れば「乗っ取り」であり，第三者割当増資などの対抗策をとるのが普通でした。2002年商法改正により，新株予約権をポイズン・ピルとして利用することも可能になりました。しかしそれによって，企業価値を損うような企業買収を食い止められるとしても，経営陣が自らの経営権を守ろうとする側面も否定できません。

効とされるためのガイドラインを公表したことから，事前警告型買収防衛策の平時導入が広がりました。

　最高裁は，2007 年に，株式公開買付に対抗して行われた株主総会特別決議に基づく差別的行使条件付き新株予約権無償割当てを適法と認め，特定の株主による経営支配権の取得が企業価値をき損するか否かは株主自身により判断されるべきであるという，その後の判例で踏襲される原則を確立しました（ブルドックソース事件⑨）。

　2021 年に，買収者が現れた後の有事に導入された買収防衛策の有効性が争われたケースが相次ぎました。とくに，一般株主に対する強圧性が認められる株式市場からの急速な買付に対して，利害関係のない株主の過半数（MoM）による事後の承認を条件とする有事導入型買収防衛策の取締役会決議による導入・発動を最高裁が適法と認めたことは（東京機械事件・資料版商事法務 453-97），論議を呼んでいます。

　経済産業省の「企業買収における行動指針」（2023 年）が敵対的企業買収により企業価値が向上する可能性を認め，合理的な理由なく買収提案を拒んではならないして以来，国内企業による敵対的企業買収が増えています。

新株発行無効の訴え

　違法な新株発行に際しては，株主に対し，事前の対抗手段としての新株発行差止の訴えのほかに，事後的な対抗手段として，新株発行無効の訴え（発行の日から 6 カ月以内，非公開会社では 1 年以内）（会社法 828 条 1 項 2 号）および不存在確認の訴え（会社法 829 条）が認められています。

　従来，判例は，取締役らが，官報公告のみをして，支

配株主が気がつかないうちに第三者割当増資を行い，会社支配権を奪取するケースにおいても，新株発行が行われた後では，非公開会社においても法的安定性の要請を優先し（マンリー藤井事件⑩），無効の主張は極めて限られた場合にしか認めてきませんでした（丸友青果事件㉔，明星自動車事件⑨）。しかし，2005年会社法のもとでは，非公開会社の株主の新株の割当を受ける権利を無視したり，非公開会社の新株発行に必要な株主総会の特別決議に瑕疵がある場合（全国保証株式会社事件㉖）は無効事由になり，さらに，2014改正法によって導入された，支配株主の異動を伴う新株割当の通知・公告（会社法206条の2第1項・2項）の欠缺および総会決議（206条の2第4項本文）の欠缺も無効事由になりますので，取締役による第三者割当増資を利用した支配権奪取の企ては抑制されると思われます。

(3) 新株予約権

将来，会社に対して当該会社の株式の交付を請求できる権利（コール・オプション）は，ストック・オプション，新株引受権付（ワラント）債，転換社債，およびポイズン・ピルなどの形で利用されています。新株予約権（会社法2条21号）の発行は，既存株主に与える影響が新株の発行と似ているため，新株発行手続きとほぼ同様の規制がなされています。

公開会社では，公正な価格と引き換えに新株予約権を発行する場合には，取締役会の決議で足りますが（会社法240条1項），特に有利な条件で株主以外の者に付与される場合には，株主総会の特別決議が必要です（会社

法241条1項，238条2項・3項，309条2項6号）（特別決議を経ない有利発行として差し止めが認められた事例として，サンテレホン事件㉕参照）。

　非公開会社ではすべての新株予約権の発行を株主総会の特別決議で定めるのが原則ですが（会社法238条2項，

Column

── ストック・オプションとリストリクテッド・ストック ──

　人的資本は，物的資本とともに，企業活動に不可欠の要素です。企業は，経営者や従業員等の人的資本の拠出者が，企業全体の利益のためにより一層努力するインセンティブを与える工夫をしています。ストック・オプションはアメリカで開発されたインセンティブ報酬の代表です。会社法上，ストック・オプションは新株予約権の一種であり，役員に付与される場合には，役員報酬規制にかかります。

　ストック・オプションは，あらかじめ定められたオプション行使価格で株式を購入する権利を与えるものですから，オプション行使価格を超えて株価が上昇すれば，その分はオプション取得者の利益となりますから，オプション取得者にとって働くインセンティブとなります。しかし，株価が行使価格を下回っている場合には，オプション取得者に，株主のリスクでギャンブル的な経営を行うインセンティブを与えることになります。

　そこで，オプション取得者に，アップサイドのインセンティブだけでなく，ダウンサイドのリスクもとらせるリストリクテッド・ストック（譲渡制限付株式）が，株式連動報酬制度として広く用いられるようになりました。2019年会社法改正では、役員報酬のために株式ないし新株予約権を無償発行できる制度が導入されました（会社法202条の2）。

---

309 条 2 項 6 号), 1 年以内の第三者割当につき, 一定の範囲で取締役会に委任(特別決議が必要)することができ(会社法 239 条)(委任の趣旨に反して行使条件を変更した取締役会決議は無効であり, 行使条件に違反してなされた新株予約権の行使は新株発行の無効原因になるとされた事例として, 全国保証株式会社事件㉖参照), 株主割当については, 取締役会の決議による旨, 定款で定めておくことができます(会社法 241 条 3 項)。

　会社法において, 株主の引受行為を必要とせず, 会社が一方的に割り当てることができる, 新株予約権の無償割当の制度(会社法 277 条以下)が導入され, 新株予約権をポイズン・ピルとして利用することが, より容易になりました。

3　社債の発行

(1)　社債の種類

　社債は, 会社が自らに対する債権を割り当てることによって, 資金調達を行うための手段です(会社法 2 条 23 号)。不特定多数の投資家を対象とする直接金融の形態であることは, 株式と同じですが, 社債発行によって調達した資金は, 会社にとっては借金であり, 他人資本に含まれることは銀行借入と変わりません。ただし, 同じく借金といっても, 銀行借入と比較して社債の発行には次の 4 つの特色があります。

　第 1 に, 集団的な起債を行うための特別な技術処理が必要であること。第 2 に, 社債は一般投資家に対して大量に発行され, かつ, 債権債務関係が長期間継続するこ

とを前提としているので，社債権者の保護を考慮する必要があること。第3に，多数の会社債権者が共通の利害関係を持つに至ることから，社債権者の団体的取り扱いが必要になること。そして第4に，株式と同様，有価証券に特有の法規制が及ぶことです。株券同様，社債券も不発行を原則とするようになり（会社法676条6号），社債券不発行社債は，意思表示のみで権利の移転がなされ，社債原簿の記載・記録が対抗要件になります（会社法688条1項）。

　株式会社は，普通社債のほかいわゆる転換社債およびワラント社債を発行できます。普通社債は会社に対する債権のみで成り立ち，一般に，年2回，定額の利息を支払い，償還時期に元本を償還するものです。かつて，普通社債というと，わが国では電力債が一般的で，一般事業債は限られた範囲でしか利用されてきませんでした。しかし，今日では，海外市場に続き普通社債の起債が国内市場においても急速に拡大しています。

　前述の通り（164頁参照），2001年商法改正によって，新株予約権が統一的に規定されることになり，ワラント社債や転換社債についての個別の規定は廃止されました。いわゆるワラント社債は，会社に対する債権と同時に新株予約権を発行するものです。ワラント社債は新株予約権を行使すると新株が発行されますが，社債自体は残ります。そして，会社に対しては，新株を引き受けた金額（株金）が新たに払い込まれますから，会社の資産はそれだけ増えることになります。

　したがって，あらかじめ定められた予約権行使価格よりも市場株価が高くなった場合には，投資家に割安に株

式を購入することができるというメリットを与える代わりに，企業側には普通社債よりも低い利率の社債を発行できるメリットがある資金調達手段です。ワラント社債には，新株予約権と社債が分離できない形で結合している非分離型のものと，社債と新株予約権を同時に発行するだけの分離型のものがあります。

いわゆる転換社債は，会社に対する債権に，社債を対価として新株を引き受ける新株予約権（以下，転換権と呼ぶ）が付随しています。社債権者が転換権を行使すると，社債の償還価格をあらかじめ定めておいた予約価格（以下，転換価格と呼ぶ）で割った数の株式を取得することができます。

ですから，社債権者としては市場株価が転換価格よりも高くなった時点で転換権を行使すれば割安に株式を取得できることになり，また転換社債の流通市場も株式市場と連動して動きますから，転換社債そのものを市場で売却してキャピタル・ゲイン（値上がり益）を獲得することもできます。

逆に市場株価が下がってしまった場合にも，転換権を行使せずに償還期限まで保有していれば，元本と利息を得ることができます。発行企業側から見ても，投資家に転換権というメリットを与える代わりに普通社債よりも利率を低く抑えることができ，かつ新株発行と比べても株式数は緩やかに増えていきますから，いろいろなメリットがある資金調達手段です。

会社法で，新株予約権付社債という場合には，非分離型のワラント社債と転換社債のみをさし（会社法2条22号，254条2項・3項），分離型は社債と新株予約権

とを同じ者に同時に割り当てるにすぎないという整理が
されています。

(2)　社債発行に対する規制

　わが国では，社債の発行に対する立法上の規制（社債
発行限度額規制は 1993 年に全廃），および行政指導上の
規制（適債基準等は 1995 年に撤廃）の存在によって，
普通社債の国内市場が長い間未発達でした。しかし，近
年急速に自由化が進み，その結果，普通社債の発行額は
著しく増加しています。会社法では，株式会社に限ら
ず，すべての会社が社債を発行することが可能になりま
した（会社法 676 条）。

　社債の発行手続きと，その管理について簡単に触れま
しょう。社債の発行には，原則として取締役会決議が必
要ですが，募集社債の総額その他の重要事項以外の決定
を取締役に委任することができます（会社法 362 条 4 項
5 号）。一般に社債の募集は発行会社が銀行に募集を委
託するとともに，応募不足額については証券会社がこれ
を引き受けるという，いわゆる委託引受募集という方法
がとられてきましたが，会社法では，打切発行を原則と
しました（会社法 676 条 11 号）。

　不特定多数の社債権者が権利の保全などのために個別
に必要な措置をとることは，利益に比してコストがかか
りすぎます。そこで，社債の管理は専門家である社債管
理者〔担保付社債では受託者としての信託会社（担保付
社債信託法 2 条）〕に任せることになります（会社法
702 条以下）。

　社債管理者は，社債権者のために元利金の弁済を受

け，債権の実現を保全するために必要な行為を行います（会社法702条）。社債管理者には発行会社のメインバンクが就任する例が多く見られますが，利益相反的回収を行った場合には，損害賠償責任を負うことになります（会社法710条2項）。社債権者保護のため社債管理者の設置は強制されていますが，それによるコストアップを嫌って，例外規定（会社法702条但書）を利用した，少数の機関投資家が引き受ける，社債管理者不設置債の発行例が増えています。

2019年会社法改正で，社債管理者が置かれていない場合を前提に，倒産手続きにおける債権届出，情報伝達など，社債の管理の補助を行う，社債管理補助者の制度が設けられました（会社法714条の2〜4，737条1項）。

重要な権利内容の変更は，社債権者集会の決議によって行います。本来，各債権者の同意が必要とされるはずの，支払いの猶予・債権の一部放棄などを多数決により可能とする制度ですので，強行法規による規制が必要となります。従来は，法定決議事項以外に決議する場合は裁判所の事前の許可を必要としていましたが，不要になりました（会社法716条）。

2019年会社法改正で，元利金の減免が社債権者集会の決議事項に含まれることが明示されました（会社法706条1項）。社債権者集会は社債の種類別に開催され（会社法715条），社債権者は未償還の社債の金額の合計額に応じて議決権を与えられます（会社法723条）。その決議が効力を生じるためには，裁判所の認可が必要です（会社法734条）。

第6章

損益の計算と分配

会社の財務内容は，損益計算書と貸借対照表によって示されます。株主に対して配当をはじめとした分配可能な剰余金の額は貸借対照表にもとづいて計算されますが，そのうちどれだけ分配するかは，原則として，株主総会の承認によります。倒産した場合には，破産手続きや会社更生手続きなどへ移行します。

1　利益処分をめぐる利害対立と企業会計

　企業活動は，第5章で見たような方法で調達した資金を資本投下し，そこで付加された価値を含めて投下した資金を回収するサイクルを繰り返していきます。このようにキャッシュ（現金）が循環する過程で付加された価値は，企業活動の果実といえます。会社法の計算の規定は，このような企業活動の果実の中から，株主に分配可能なパイ（分配可能額）の大きさを決めること，および会社の財務内容を開示することを目的としています。

　パイの大きさは，必ずしも一義的に決まるものではなく，資産および費用の評価をどのように行うかによって変わってきます。それゆえ，どのようにパイの大きさを決めるかということに関して，利害関係人の間で利害の対立があります。

　会社債権者は，その債権の唯一の引当となる会社資産が不当に流出しないように，利益が過大評価されないことを望み，株主はできるだけ多くの分配が可能となるように，利益が過小評価されないことを望みます。また，経営者が資産を過小に評価することによって多くの含み資産を抱えると，経営の責任の所在が曖昧になる弊害が生じます。

　債権者保護と株主保護との間に生じる利害の対立をいかに調整するかが，会社法上の企業会計の重要な課題です。

　これに対して金融商品取引法上の企業会計は，投資家保護のため不当な利益の計上（粉飾決算）が行われない

ことを目的とし，税法上の企業会計は不当な利益の圧縮（逆粉飾）が行われないことを目的としています。

　以上のように各法律の本来的な役割は異なりますが，近年，会社法の計算規定は，会計処理や表示の規律に関しては，各種の会計基準・監査基準に平仄を合わせる方向で改正がなされてきました。ただし債権者との利害調整のための規律である分配可能額などについては，独自の規制が行われています。

2　貸借対照表と損益計算書

(1)　貸借対照表と損益計算書の関係

　会社法の「計算等」に関する規定は，4種類の計算書類（貸借対照表，損益計算書，株主資本等変動計算書，個別注記表）の作成と監査を中心に展開されますが〔利益処分案は廃止され，営業報告書は事業報告という名前になって，計算書類から外れました（会社法435条2項）〕，株式会社の「モノ」と「カネ」との関係を捉えるためには，貸借対照表と損益計算書との関係を理解することがとくに重要です。

　損益計算書は，資本の循環過程を一定期間（事業年度）に区切って，その期間に属する収益とそれに対応する費用を一覧表にまとめ，その企業の経営成績を明らかにすることを目的にしたものです。

　これに対し貸借対照表は，ある時点（事業年度の末日）における財務内容の静止画像を捉えるものです。貸借対照表はその左側において資産の運用形態を示し，右側において資産を取得するために必要とした資金の調達

図6-1

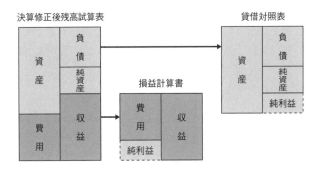

決算修正後残高試算表　　　　　　　　　　貸借対照表

源泉を示しており，会社の財務状態を明らかにすること
を目的としています（150頁以下参照）。

　毎年株主に分配可能なパイがどのくらい大きくなった
か（純利益）を算出する方法は，損益計算書と貸借対照
表とで異なっていますが，その額は常に一致します（図
6-1）。

　損益計算書にもとづく純利益の出し方は損益法と呼ば
れ，収益からそれに対応する費用を差し引いて算定され
ます。損益計算書は現金主義ではなく発生主義にもとづ
いており，実際に手元にお金が入った段階（収入）では
なく，製品が売れた段階（債権を取得した段階）で収益
が発生したとみなし，実際にお金が出ていった支出の中
で，当期の収益の発生に役立った部分のみを費用とみな
すことにしています。

　これに対し貸借対照表にもとづく純利益の算定方法
は，財産法と呼ばれ，期末純資産が期首純資産よりも増
えた部分を純利益と考えます。会社法上の分配可能額

（パイ）の大きさは，純利益に前年度からのパイの食べ残し（繰越利益や積立金）を付加したものがベースとなります。

　貸借対照表と損益計算書の関係は，残高試算表（図6-1）によって明らかになります。残高試算表は，一会計年度の最後に複式簿記で仕訳した各勘定を全部集計したものです。

　収益がいくら出たかに関しては，含み損益の問題を除いては，ほとんど議論の余地がありませんから，残高試算表の右側はあまり問題がありません。しかし，残高試算表の左側，すなわち，ある項目を資産に含めるか，費用に含めるかに関してはかなり議論の余地があり，それ

Column

複式簿記

　残高試算表の左右がバランスするのは，複式簿記のシステムによるものです。会社が行う各取引は複式簿記の仕訳の約束に従い，必ず左側（借方）と右側（貸方）に同額で振り分けられますから，各勘定を集計した残高試算表の左右が合致するのは当然です。仕訳の約束は以下の通りであり，各勘定は〔費用の増加／資産の減少〕のように，必ず左側項目と右側項目の組み合わせになります。

	左側（借方）	右側（貸方）
資　産：	増加	減少
費　用：	増加	減少
負　債：	減少	増加
純資産：	減少	増加
収　益：	減少	増加

によって純利益の額が違ってきます。

　それゆえ，資産および費用の評価は会計学では極めて重要な問題です。その例として，減価償却を取り上げてみましょう。本年度，ある機械を購入したとしましょう。その機械は本年度だけでなく来年度以降も使用するものですから，たとえその購入費を支出したのが本年度であったとしても，すべての購入費を当期の費用として計上すると，正当な期間損益計算ができなくなります。

　このような場合に，各期ごとの収益と費用を対応させるために考えられたのが減価償却の制度です。その機械が3年間の減価償却を認められているとして，定額法を採用すると，機械を購入した年度には取得価額（から残存価格を引いた額）の3分の1を減価償却費として損益計算書の費用の欄に計上し，残りの部分は資産として貸借対照表に計上することになります。しかし，その場合に定率法を採用して初年度により多くの部分を減価償却することも可能であり，そうすると資産に回す部分が減りますから，それだけ利益の額を圧縮できます。

　当期の収益に対応する費用を正確に算定するためには，どれだけを費用に配分し，どれだけを資産に残すかが，非常に重要な問題であると同時に，ある程度，会計上の操作が可能であることがわかります。

(2)　会計学と会社法の考え方の違い

　貸借対照表と損益計算書との関係については，会計学と会社法では基本的な考え方の違いがあります。会計学は期間損益を正しく把握することを最大の目的としていますから，損益計算書を重視し，貸借対照表は損益計算

が行われたあとの資産および資本の繰越表と考えます。

　これに対し会社法の計算規定は，会社債権者の保護のために会社資産の流出に歯止めをかけることを重視し，貸借対照表を基準に分配可能額を算定します。損益計算書は，経営成績を開示するために必要であるという考え方です。

　ただし，会社法が貸借対照表を基準に分配可能額を算定するということは，必ずしも会社法が財産状態だけを重視し，期間損益計算を軽視していることを意味するものではありません。会社債権者の保護には2つの観点があります。一つは，会社が倒産した場合に，会社の清算を行うと債権者のためにどれだけの財産が残っているかという観点であり，もう一つは，一般に債権者は継続企業を前提として債権の回収を考えているので，適正な期間損益計算が行われることは債権者の保護にとっても重要であるという考え方です。

　1962年商法改正以前の計算規定は，前者の，会社の解体価値を重視する考え方をとっており，その現れとして，資産の評価について時価以下主義をとっていました。62年の改正によりこのポリシーが大きく変更され，債権者にとって本当に重要なのは継続企業を前提とした適正な損益計算であるという考え方に変わりました。その現れとして，資産の評価について原価主義をとり，繰延資産や引当金といった制度が導入されました。

　資産の評価に関して，商法は各資産の性質に応じて規定を置いていましたが，2002年商法改正において，今後頻繁に起こりうる会計基準の変更を予想して，それらの規定は法務省令に移されました。その原則は，費用性

資産（会社が利益をあげるために必要な事業用財産）については取得の原価基準をとり，貨幣性資産（預金，手形債権等）に対してはいくらでそれを回収できるかという回収可能基準をとっています（会社計算規則5条1項・4項・5項）。

　費用性資産について，今いくらで売れるかという時価基準ではなく取得原価基準をとるのは，資産の値上がりなどを企業の利益に含めると期間損益計算が正しく行えなくなるからです。ただし，資産価値が著しく下がった場合については，解体価値重視の考え方が残っており，時価基準を強制されます。貨幣性資産は利益を生み出すための事業用財産ではないので，回収可能基準を採用しています（会社計算規則5条3項）。

　ただし，昔，安い値段で取得した不動産が急激な値上がりをしているような場合にも，貸借対照表にはその不動産の価値は取得原価で計上されますから，貸借対照表からはその会社の「含み資産」の大きさを知ることはできず，会社の財務状態を正しくディスクローズするという貸借対照表のもう一つの目的からすると問題があるという批判があります。

　以上のような批判にこたえ，1999年商法改正以来，時価基準の考え方が一部導入されました。すなわち，市場価格のある資産については時価によって評価できるようになりました（会社計算規則5条6項2号）。

　具体的にどのような資産が時価評価されるかは会計基準に委ねられますが，少なくとも，金融商品取引法の適用がある会社には，企業会計審議会「金融商品に係る会計基準」によって，時価評価が「一般に公正妥当と認め

られる企業会計の慣行」（会社法431条）となり，会社法上も強制されます。

　さらに会社法の期間損益計算重視の考え方を表しているものに，繰延資産と引当金があります。繰延資産は，本来は費用ですが，試験研究費など，将来の収益に貢献するものを資産の部に計上することを認めたものです（会社計算規則74条3項5号）。具体的に何が繰延資産

Ｃｏｌｕｍｎ

—————— IT化の会社法に与える影響 ——————

　インターネットは社会に革命的な変化をもたらしましたが，2001年商法改正により，会社法にもIT（情報技術）化の波が押し寄せてきました。定款や株主名簿などの会社関係書類を，電磁的方法で記録し，電磁的方法で閲覧に供することができるようになりました（会社法31条2項3号，125条2項2号）。また，株主総会の招集通知の送付（299条3項，301条2項）や議決権の行使（312条），さらには，計算書類などの公告（440条1項）をインターネットを通じて行う道が開かれました（「電子公告」939条1項3号）。2019年会社法改正では，株主の個別の承諾がなくても，株主総会資料の電子提供が可能な制度（会社法325条の2〜5）が導入されました。

　このようなIT化は，会社にとっては，費用の大きな削減につながりますが，個々の株主がコーポレート・ガバナンスに容易に参加できるようになることも期待できます。実際，多くの上場企業が計算書類の電子公告を行うようになり，電磁的方法による議決権行使を採用する会社も増えてきました。インターネットを利用したバーチャル総会の試みも始まっています。

としての計上を許されるかは，会計基準に委ねられます。

　引当金は，機械設備の修繕費用や，従業員の退職給与など，将来において支出する金額を合理的に見積もることができるものについて，それに対する準備金を負債の部に計上することを認めたものです。このような引当金は債務ではありませんが，費用または損失の見越しなので，負債の部に計上することになっています（会社計算規則6条2項）。

　なお，貸倒引当金のような資産に係る引当金については，資産の部の控除項目として記載されます（会社計算規則78条）。ただし，引当金をむやみに認めると経営者に秘密準備金の積み立てを認めることになるので，あくまでも負債性引当金に限られます。

　持株会社制など，企業のグループ化が進んだ今日，企業の成績・財務状況を正しく把握するには，グループ企業単体の損益計算書や貸借対照表を見るよりも，企業グループ全体をあたかも一つの会社とみなした損益計算書や貸借対照表など（連結計算書類）を見る方が合理的です。金融商品取引法は，以前から，連結決算の開示を義務付けており，会社法上も，会計監査人設置会社には連結計算書類の作成が認められ，大会社で有価証券報告書提出会社には，連結計算書類の提出が義務付けられています（会社法444条）。

3　株主への利益還元策

(1)　剰余金配当を行うには

前節において，損益計算書および貸借対照表から，会

社の利益がどのようにして導かれるかを見ましたが，次に，利益その他の剰余金をどのようにして処理するか，すなわち，そのうちのどの部分を株主に対して配当として分配するか，あるいは将来の企業活動のため，内部留保するかを決めなければなりません。

　株主に対して剰余金の配当を行うに際し，まず分配可能額を算定する必要があります。

　分配可能額の算定は，貸借対照表を基準に行います。まず，総資産の額から，債権者に返さなければならない負債の部の金額を差し引き，その残りの純資産の部は原則として株主の取り分と考えられます〔ただし，評価・換算差額等や新株予約権も含まれています（会社計算規則76条1項1号）〕。ですから，純資産の部分は本来は株主に配当可能なはずです。

　しかし，株主有限責任が認められている株式会社では，会社債権者にとってのよりどころは会社財産しかなく，債務超過にならない限り配当を行うことができるという考え方は，債権者保護の観点から問題があるとされています。そこでわが国の会社法は，株式会社に対し，株主有限責任の対価として，株主への剰余金配当に際し，一定限度の純資産を維持することを要求しています（会社法461条2項，446条）。

　その場合に，常に維持する純資産の額を示しているのが，資本金です。資本金はよく貯水池のダムにたとえられます。貯水ダムは，多少の日照りが続いても水（純資産）がなくならないように，ダム（資本金）の高さに達しない水位の場合には水が外に流れ出すことを防いでいます。純資産の額が資本金の額に達しない間は，会社は

剰余金配当を行うことができません。

　わが国の会社法はさらに安全を期して，法定準備金を第2段階のダムとして設けています。法定準備金には，資本準備金と利益準備金の2種類があります。増資に際し，資本金に組み入れられなかった出資部分などは，資本準備金に組み入れられます（会社法445条3項）。

　また，剰余金配当に際し，当該剰余金の配当により減少する剰余金の額の10分の1は資本準備金または利益準備金に組み入れられなければなりません（両者を合わせてすでに資本金の4分の1に達していれば不要です）（会社法445条4項，会社計算規則22条）。

　会社法によって，最低資本金制度は廃止されましたが，それに伴い，剰余金分配を行うには，純資産額が最低300万円以上あることが必要とされました（会社法458条）。

　純資産が資本金および法定準備金の額を超えた部分（ダムから溢れ出た水）が剰余金です（会社法446条）。ただし，「分配可能額」は「剰余金」とは異なる概念であり，自己株式の帳簿価額，および，のれんの額の2分の1および繰延資産（「のれん等調整額」）が資本金と法定準備金の合計額を超える部分は分配可能額から控除されます（会社法461条2項，会社計算規則158条1号）。さらに，有価証券評価差額金などの調整を行い（会社計算規則158条2号以下），また，剰余金分配が年に何度でもできるようになったことから，金銭の分配や資本金・準備金などの増減を含む，最終事業年度末日後の増減が反映されます（会社法446条2号以下）。その他，自己株式の取得・消却・処分などに伴う調整が，制度を複雑

なものにしています（会社法 461 条 1 項・2 項 4 号）。

　分配可能額がないのに剰余金の配当がなされた場合は，違法配当（タコ配当）です。剰余金配当を決議した総会決議は無効となり，違法配当を受け取った株主ならびに違法配当を行った業務執行者などは連帯して返還義務を負います（ただし，過失責任）（会社法 462 条）。業務執行者などは悪意の株主には求償権を持ちます（会社法 463 条 1 項）。会社債権者は株主に対して，会社にではなく，自分に払えという請求ができます（会社法 463 条 2 項）。業務執行者などには刑事罰の規定もあります（会社法 963 条 5 項 2 号）。さらに，業務執行者は期末の欠損塡補責任を負います（会社法 465 条）。

　株主の剰余金の配当請求権は，株主総会において具体的な剰余金の配当が決議されてはじめて具体的な権利となります（会社法 454 条）。取締役の任期を 1 年とするなどの，一定の要件を満たした会計監査人設置会社では，定款の定めによって，取締役会決議事項とすることができ（会社法 459 条 1 項 4 号・2 項・3 項），さらに，剰余金の配当に関する株主提案権を排除することを定款に定めることができます（会社法 460 条 1 項）。

　会社法には，剰余金の配当に関して最高限度の歯止めはありますが，最低限度について規定はありませんから，結局は，その期において剰余金の配当を行うかどうか，また，どれだけ行うかということは，経営者ないし支配株主の裁量にかかっているといえます。

(2)　日本企業の配当政策

日本の上場企業の配当性向（利益のうちの何パーセン

トを配当するか）は諸外国の企業に比べて低いといわれていました。わが国企業の配当性向が低いのは，株主の利益を軽視しているからであるという批判もありますが，必ずしもそうとはいえません。

わが国企業の配当性向および利回りが低い理由の一つに，かつての額面割当増資全盛時代以来の額面配当主義と安定配当志向があります。わが国の上場企業の経営者は，会社の利益に応じて配当額を増減させることよりも，利益の多寡にかかわらず額面の1割ないし1割5分を毎年安定して配当することの方が重要であると信じていたようです。それゆえ，企業の利益や株価が大きな伸びを見せた高度経済成長期においてはわが国企業の配当性向および利回りは年々低下していきましたが，1990年代の不況とともに回復してきました。

また，日本企業の低配当政策は，株主の利益にも合致していたともいえます。一般に企業が急成長している段階では，剰余金配当よりも内部留保を厚くした方が得策であると考えられます。株主としても多くの剰余金配当をもらうよりも，内部留保を行って企業の成長につなげていった方が，低配当を補って余りあるキャピタル・ゲインを期待できるからです。また，わが国の税制上，個人株主は企業活動の果実を剰余金配当としてよりもキャピタル・ゲインの形で収受した方が有利でしたから，低配当政策に対してあまり文句は出ませんでした。

1980年代後半のバブル経済期において，多くの企業で余剰資金（フリー・キャッシュフロー）が発生しましたが，それは株主に還元されることなく，また必ずしも効率的に運用されてもいませんでした。

　しかし，近年，わが国の経済も低成長時代に入り，株主への利益還元が強く求められるようになってきました。分配可能額を使った自社株の取得によって株価を高めようとする動きも，そのような流れに沿ったものです。

　2003年頃から，いわゆるアクティヴィスト株主（「物言う株主」）の利益還元要求が高まり，敵対的企業買収の動きも出てきたことから，増配や自社株買いの動きがさらに活発になりました。

　キャピタル・ゲインを実現するための株式市場がない非上場会社においては，配当政策に関して支配株主と少数株主との間で深刻な利害の対立があります。

　非上場会社の少数株主は，基本的に剰余金の配当によってしか企業活動の果実を享受することができませんが，支配株主は同時に経営者であることが普通ですから，税法上も剰余金の配当としてよりも役員報酬などの形で利益を吸い上げる方が有利です。

　また，少数株主が，配当抑制策にしびれを切らして持株を二束三文で支配株主に売って会社から出ていけば，その後ゆっくりと自分たちだけで内部留保を享受することが可能になります（スクイーズ・アウト）。

4　損失の処理と倒産処理

(1)　欠損，債務超過，倒産

　前節まで，企業活動によって生じた利益をどのように分配するかということを考えてきましたが，本節では，逆に損失が生じた場合の処理方法を考えてみましょう。

損失といってもいろいろなレベルのものがあります。営業不振で売上に比べて費用の方が大きかったという場合には営業損失が出ますが，有価証券の売買益などの営業外収益があれば，営業損失は出たけれども経常利益が生じるということもありえます。さらに経常損失が出てしまった場合でも，土地の売却益などの特別利益がそれを上回っていれば，当期利益が出ます。さらに当期損失を前期繰越利益や任意準備金の取り崩しの形で埋め合わせることによって，剰余金の分配を可能にすることができます。

　しかし，どうしても損失を埋めることができない，あるいは固定資産の売却や任意準備金の取り崩しなどで会計上損失を発生させないことができても経営者がそれを潔しとしない場合には，損失を計算書類上に開示することになります。

　これを貸借対照表で見ると，純資産の額が，資本金と法定準備金の和に足りない状態であり，その不足分を欠損と呼びます。債権者との関係では，欠損を放置しておいてもかまいませんが，株主との関係で剰余金配当を行うためには欠損を塡補する必要があります。

　欠損塡補の方法としては，まず第1に法定準備金の取り崩し（会社法448条1項），それでも足りない場合には資本減少を行うことになります（会社法447条1項）。

　資本減少を行うためには，原則として，株主総会の特別決議（会社法309条2項9号）のほかに債権者保護手続（会社法449条）が要求され，さらに変更登記が必要ですが，欠損塡補のための減資は普通決議で足りることになりました（会社法309条2項9号ロ）。

　また，準備金の減少を行う場合も，原則として，株主総会普通決議と債権者保護手続きが必要ですが，欠損填補を定時株主総会決議で行う場合は，債権者保護手続きは不要です（会社法448条1項，449条1項）。

　会社債権者との間で問題が生じるのは，総資産の額が負債の額に達しない状況，すなわち債務超過の状態になった場合です。ここまでくると，会社は倒産の危機に瀕しているということになります。

　倒産という言葉は法律用語ではなく，決まった定義はありませんが，一般に，会社が手形の不渡りを2回出して銀行取引停止処分を受けた場合，または会社が自ら破産や会社更生の手続きを申し立てた場合に，その会社は倒産したといわれます。

　会社が倒産の状態に陥った場合には，利害関係人の間の調整をどのように行うかという倒産処理が問題となります。倒産処理の方法として，倒産した会社を再建するか，あるいは再建を諦めて会社を解体してしまうかの2つの選択肢があります。

　倒産した会社では負債総額に対して資産が絶対的に足りない状態にありますから，債権者は少なくとも債権の全額を回収できなくなることを甘受しなければなりません。そこで，即刻会社を解体して残余財産を分配するよりも，会社の再建を試みる方が長期的に見れば債権者にとっても得である場合には，民事再生や会社更生の手続きに入ります（当事者間の合意で，法的倒産手続きではない，私的整理が行われることもあります）。しかし，会社再建の可能性がない場合には，会社を解散して資産の売却益を債権者間にできるだけ公平に配分するという

破産の手続きに入ることになります。

　いずれにしても，いかに公平に関係者間の譲歩を引き出し，あるいは残余財産を分配するかが倒産処理法（破産法，会社更生法，民事再生法等）の最大の課題です。

(2)　株主有限責任原則の修正

　倒産処理に関連して，有限責任原則の修正が会社法上問題となることがあります。先に述べた通り，株主有限責任の原則は，不特定多数の投資家から多額の資本を集めることを前提とした株式会社制度において，最も重要な原則です（29頁参照）。そして，今日では，特定少数の出資者しかいないような会社に対しても，株主有限責任の利益を享受することが認められています。しかし，そのような小規模な非上場会社においては，有限責任制度が濫用される危険が大きいのも否定できない事実です。有限責任原則をあくまでも維持することが正義に反すると考えられるようなケースも少なくありません。

　個人企業の「法人成り」といわれるような同族会社においては，会社の資産と社長個人の資産とが必ずしも明確に区別されていない場合があり，また，そのような会社との取引は，社長個人との間の人的信頼関係にもとづいて行われることが多いでしょう。そのような同族会社が倒産した場合に，社長が株主有限責任の原則を盾にその個人資産を保全しようとしても，会社債権者は納得できないでしょう。

　しかし，いかに小さな会社の場合でも，原則はあくまでも株主有限責任であり，株主ないし経営者が直接人的責任を負うことは極めて例外的なケースに限られます。

　例外的に株主ないし経営者個人の責任が問われるの
は，債権者詐害的取引が行われた場合と，過小資本によ
る経営が行われた場合の2つがありえます。

　債権者詐害的取引とは，会社が倒産することがほぼわ
かっているのに手形を振り出したり，商品の仕入れを行
ったりするような，いわゆる取り込み詐欺的なケースで
す。過小資本事例は，資本金の額に比してあまりにも経
営の規模を広げすぎて不相応な負債を負ってしまったよ
うなケースで，いわゆる無謀な放漫経営を行ったと評価
されるような場合です。

　以上のようなケースにおいて，株主有限責任の原則を
修正するための法的なテクニックとして，法人格否認の
法理ならびに会社法429条の役員等の第三者に対する責
任に関する規定（86頁参照）が利用されています。

　法人格否認の法理は，アメリカの判例法として発展し
てきた法理論であり，それがわが国にも輸入されて，判
例・学説の認知を受けるに至ったものです。

　この法理は，会社が株主と別個の法人格を有している
ことを前提とした法解釈が正義に反するという場合に，
問題となっている法律関係についてのみ会社の法人格が
なかったものと考える，すなわち，株主と会社が一体で
あるとみなして法解釈を進めるものです。

　法人格否認の法理は様々なシチュエーションで用いら
れますが，有限責任の原則の修正に関しては，法人格に
よる責任財産の分別を認めず，企業家の人的直接責任を
認めることになります。わが国の判例法では，法人格が
濫用されている場合，または形骸化している場合におい
て，法人格否認の法理が適用されうることが認められて

います（山世志商会事件③）。

　しかし，わが国において株主有限責任原則の修正が問題となる場面では，法人格否認の法理よりも会社法429条の役員等の第三者に対する責任の規定の方がはるかに多く利用されています。

　会社法429条は，必ずしも株主有限責任原則の修正を目的として立法されたものではありません。しかし，ほとんどの小規模非上場会社においては，代表取締役イコール支配株主であるという，所有と経営が分離していない状況にあり，さらに有限責任原則を修正しようとする場合に，わざわざ法人格の否認というような大上段の議論をしなくても，条文上の根拠がある役員等の第三者に対する責任を追及する方が，判例上も認められやすかったということがいえるでしょう。

　そこで今日では，会社法429条は，一般に中小企業が倒産した場合に会社債権者が経営者の個人的責任を追及する目的で利用されています。

　さらに会社法429条は，ワンマン社長の個人的責任を追及するような典型的な有限責任原則修正のケースばかりでなく，一般の取締役に対して監視義務違反にもとづく責任を追及するためにも頻繁に用いられます（マルゼン事件⑥）。会社が倒産して債権者が損害を被ったのは，ワンマン社長の経営が間違っていたからばかりではなく，それをチェックできなかったその他の取締役の監視義務違反にも原因があるということです。

　会社法429条は，会社が債務超過に瀕した場合に，取締役が債権者に対して忠実義務を負うことを事実上認めた規定という評価もできます。

第7章

会社の組織変動

会社の組織変動とは，会社の生死から融合・分裂までを含むものです。会社の設立は①定款の作成，②社員の確定，③機関の選任を経て設立登記を行うことによって完成します。合併は2つ以上の会社の組織を1つに融合するものであり，分割はその逆です。会社が解散すると清算手続きによって後始末します。

会社は法人格を得ることによって自然人と同じように社会的活動を行うことができることはすでに述べましたが、会社はまさに自然人と同じように、生まれて（設立）から死ぬ（解散）まで、結婚（企業提携）したり、子供を作ったり（子会社の設立、ジョイント・ベンチャー）、養子を迎えたり（企業買収）というように、他の法人との間に様々な関係を作ります。

そのような意味で自然人にできて会社にできないことはないといっても過言ではありませんが、さらに会社は人格の融合（合併）や人格の分離（会社分割）のような、自然人には不可能なことも行うことができます。

本章では会社の主たる組織変動である設立と解散、合併と分割、さらに株式交換・株式移転について見ていきましょう。

1 設立と解散

(1) 株式会社を設立するには

会社設立の過程は、団体の形成（組織の実体を形作っていく段階）と法人格の取得（名実ともに会社が成立する段階）の2段階に分けられます。第1段階の団体の形成は、さらに定款の作成、社員の確定（社員の側からは出資の引受および払込）、機関の選任の3つに分けることができます。また、会社法上、法人格を取得する前後の法律関係のつながりに関して理論的な問題があります。

定款の作成

定款は、会社の組織および運営に関する基本的な規則です。その性格は株主間の契約ですが、将来の株主およ

び役員も拘束します。会社設立後にその内容を変更するためには，株主総会における特別決議が必要となります（会社法 466 条，309 条 2 項 11 号）。会社設立時の定款は原始定款と呼ばれ，発起人の総意によって作成されますが（会社法 26 条 1 項），創立総会（会社法 96 条）や裁判所の決定（会社法 33 条 7 項）などによって変更されることがありえます。また，定款が効力を持つためには公証人の認証を必要とします（会社法 30 条）。

　定款の記載事項は，絶対的記載事項，相対的記載事項，および任意的記載事項の 3 種類に分けることができます。

　絶対的記載事項とは，定款に必ず記載されなければならない事柄です。①会社の目的，②商号，③本店所在地，④設立に際して出資される財産の価額またはその最低額，⑤発起人の氏名または名称および住所がこれに当たります（会社法 27 条）。これらの記載を欠くと設立無効事由となります。

　相対的記載事項とは，記載を強制されるわけではありませんが，定款に記載しない限り効力を有しないという事柄です。発行する全部の株式の内容としての譲渡制限・取得請求権・取得条項の定め（会社法 107 条），種類株式の発行（会社法 108 条），累積投票制度の排除（会社法 342 条 1 項），後述する現物出資，財産引受など変態設立事項（会社法 28 条）などがそれです。

　任意的記載事項とは，定款以外の規則や契約によっても有効に定めることはできますが，設立後みだりにその内容が変更されないため（定款の変更には，株主総会の特別決議が必要となります），契約当事者以外の将来の

株主をも拘束するため，また，合意に違反する行為を株主総会決議取消事由等とするため（会社法831条1項1号・2号），あえて定款に記載するものです（会社法29条）。

定款の性質は株主間の契約ですから，契約自由の原則との関係において，定款自治の範囲がどこまで認められるかが問題となります。従来のわが国の商法は，多少の選択肢は認めているものの，株式会社とはどういうものであるかを厳格な形で示しており，株式会社制度を利用しようとする者が，商法とまったく関係なく，定款によって組織や運用形態に変更を加えることを予定していなかったように見えます。

会社債権者保護にかかわる部分を株主間の契約だけで変更できないことは明らかですが，株主間の関係（株式の譲渡制限や役員の選任等）について，定款や株主間契約によってどこまで商法と異なる規定を置くことができるかについては必ずしも明らかではありませんでした（41頁，140頁参照）。また，そのような契約が有効だとしても，その契約に違反して行われた行為の効力を否定することができるのか，単なる契約違反にもとづく損害賠償請求権しか発生しないのかについても議論があります。会社法では，定款自治の範囲が広がり，かつ，その範囲がかなり明確になっています。

社員の確定

出資を行う社員の確定（出資の引受および払込）は，会社債権者保護，さらに出資者間の公平の見地から，出資の引受，払込に関して慎重な手続きがとられます。

株式会社の設立の方式は，発起人が全部の株式を引き

受ける発起設立と，発起人以外の株式引受人を募集する募集設立とに分かれます（会社法 25 条 1 項）。募集設立では株式引受人の募集の手続き（会社法 57 条以下），および創立総会の開催とその場における取締役および監査役等の選任の手続きが必要となりますが（会社法 65 条，88 条），発起設立では取締役，監査役等の選任も発起人間（発起人は一人でも可）で行われ（会社法 40 条），創立総会を開催する必要もありませんので，手続きははるかに簡単です。会社法は，発起設立を原則的な設立方法と位置付けています。

　発起人は実質的には会社設立の企画者であり，設立の過程におけるキー・パーソンの役割を果たす人のことですが，発起人の責任（会社法 52 条—56 条，103 条）が問われるような法的な問題が生じた場合には，定款に発起人として署名した者という形式的な基準で決まります。

　会社法では，1990 年商法改正において導入された最低資本金制度（1000 万円，有限会社については 300 万円）が廃止され，資本金 0 円（会社計算規則 43 条 1 項）の株式会社の設立も可能になりました（出資財産は 1 円以上必要です）。ただし，純資産額が 300 万円を下回る場合は，剰余金の配当が認められません（会社法 458 条）。

　会社法は，設立に際して出資される財産の最低額を定めれば足りるとし（会社法 27 条 4 号），新株発行の場合と同様，発行予定株式全部の引受を設立の有効要件とはしないことにしました（会社法 36 条，63 条 3 項）。これに伴い発起人等の引受担保責任も廃止されました。ま

た，引受をしても出資を履行しなければ株主になれない
というだけで，資本金の額は拠出された財産の額によっ
て決まります（会社法445条1項）。これに伴い発起設
立の場合における払込取扱機関の払込金保管証明制度が
廃止され〔募集設立の場合は従来通り（会社法64条）〕，
発起人等の払込担保責任も廃止されましたが，2014年
改正において，過失責任として復活しました（会社法
52条の2第2項但書・103条2項但書）。

　株式会社に対する出資は現金で行うことが原則です
が，不動産等の現物による出資が必要となることも少な
くありません。しかし，現物出資の場合は，実際の価値
よりも高く評価された場合には，資本の充実が損なわれ
るだけでなく，出資者間の公平も損なわれます。そこで
商法は，現物出資に対しては大変厳格な態度をとってき
ました。すなわち，設立時に現物出資ができるのは発起
人に限られ，変態設立事項として定款にその旨を記載し
なくてはならず，さらに裁判所が選任する検査役の調査
を受けなくてはなりません（会社法28条1号，33条）。

　しかし，このような厳格な規制をしたため，実際に現
物出資が必要な場合でも，現物出資の形態はとらずに，
たとえば不動産を会社に賃貸する形をとるなどの不自然
な現象が起きていました。1990年および2002年商法改
正では，現物出資・財産引受を使いやすくするために，
その目的財産が，①少額である場合，②市場価格のある
有価証券の場合，さらに，③目的財産の種類，価額を問
わず，税理士などの証明を受けた場合は，検査役の調査
は免除されることになりました（会社法33条10項）。

　現物出資は会社が事業用財産を取得する手段として使

われますが，ほぼ同じ経済的効果を持つものとして，財産引受，および事後設立があります。

　財産引受は，開業準備行為（200頁参照）の一つであり，会社設立前に会社の成立を条件として，発起人が成立後の会社のために，一定の財産を購入することを約束するものです。購入する財産の過大評価の可能性があるという点では現物出資と同様なので，財産引受も変態設立事項として規制されます（会社法28条2号）。

　事後設立は，会社の設立後2年以内に，その成立前から存在する財産を純資産額の5分の1を超える対価で事業用財産として取得する契約です。これは会社設立後の

Column

────── 仮装払込の手口 ──────

　最も原始的な仮装払込の手口である「預合い」は，返済が終わるまで会社が払込金の返還を請求しないことを条件に，発起人が，払込株金相当額を払込取扱銀行から借り入れ，計算上は払込金に充てる手口です。今日では，仮装払込の手段として「見せ金」と呼ばれる手段が用いられます。

　これは，A銀行からの借入金を払込取扱銀行であるB銀行に株金として払い込み，設立登記を行った後，B銀行から返還を受けた払込金をA銀行に返済するという手口です。「見せ金」のからくりを構成する一つひとつの行為を見た場合には，株金の払込資金を借入金で賄うのはもちろん，会社設立後に払込銀行から払込金を引き出すことも問題はありません。しかし，全体のメカニズムを見た場合，何ら資本の充実が行われていないことから，通説・判例は「見せ金」を無効な払込であると解しています（中部罐詰事件⑦）。

契約にすぎませんが，株主総会の特別決議が必要です（会社法467条1項5号，309条2項11号）。ただし，かつて現物出資の潜脱行為として行われることが多いとして要求されていた検査役調査は不要とされました。

機関の選任

株式の引受と払込の手続きが終わり，社員の確定が済むと，次に機関（取締役・監査役等）の選任が必要です（会社法38条，88条）。発起設立の場合には発起人の議決権の過半数で選任できますが（会社法40条1項），募集設立の場合には発起人が招集する創立総会で選任することになります（会社法88条）。創立総会における決議は，出席した設立時株主の議決権の3分の2以上で，かつ議決権総数の過半数の賛成を必要とします（会社法73条1項）。設立時取締役などは設立の経過を調査する義務があり（会社法46条），それを怠ると損害賠償責任を問われることがあります。

(2) 法人格の取得をめぐる問題

以上のような手続きを踏んで株式会社としての組織の実体が形作られると，会社は設立登記を行うことによって法人格を取得し，名実共に株式会社が成立することになります。法人格は国家が付与するものですが，わが国では準則主義がとられており，会社法の定める形式的な基準に沿った申請が行われる限り，ほぼ自動的に法人格が付与され，国家が恣意的に法人格の付与を拒否することはありません。

会社は，目的，商号，発行可能株式総数，公告の方法，本店・支店所在地，発行済株式総数ならびにその種

類および種類ごとの数，資本金の額，取締役・監査役などの氏名，および代表取締役の氏名，住所などを登記しなければなりません（会社法 911 条 3 項）。

　会社法において，商号専用権（旧商法 19 条）が廃止され，同一市町村内で同一営業のためにすでに登記されている商号を登記することも妨げられないようになりました。それによって営業上の利益を侵害されるおそれのある会社は，差止請求などによって自らを守らなければなりません（会社法 8 条，不正競争防止法 3 条 1 項）。

　このような手続きを経て株式会社が設立されますが，もう一つ，理論的に解決しておかなくてはならないのは，会社が法人格を取得する前後の法律関係のつながりです。すなわち，会社が法人格を取得する以前（設立登記前）において発起人が設立後の会社のために取得した権利義務は，どのような根拠にもとづいてどの範囲で設立後の会社に帰属するのかという問題です。

　この関係を説明するためには，「発起人組合」および「設立中の会社」という概念を用いるのが普通です。複数の人間が会社を設立する目的で集まったものが発起人組合です。発起人は組合契約の履行として，定款の作成その他会社の設立に必要な行為を行います。徐々に会社組織の実体が形成されていき，ある段階から設立中の会社と呼ぶことが可能な団体の存在が認められるようになります。

　ただし，この団体にはまだ法人格がありませんから権利能力のない社団であり，その執行機関が発起人ということになります。発起人がその権限内で取得した権利義務は，形式的には発起人個人の権利義務ですが，実質的

には設立中の会社に帰属します。そして，設立登記がなされ，会社が法人格を取得すると，形式上も会社が権利義務関係を承継します。設立中の会社と設立後の会社の実体は同一ですから，設立中の会社の法律関係は，当然，何の移転行為も要することなく，設立後の会社の法律関係となると考えるのが一般です。

　設立登記が行われて会社が成立しても，設立の過程に違法な点があったことが発見されれば，会社の設立が無効となることがあります。しかし，いったん成立した会社の存在が否定されることは，取引の安全やその他会社をめぐる法律関係の安定を損なうおそれが大きいため，

Column

開業準備行為

　定款の作成，株式の引受・払込に関する行為，創立総会の招集やそれらに伴う事務的な行為（設立に必要な行為）は発起人の権限に含まれます。また，設立前に営業行為をすることは発起人の権限の範囲外であるとして認められていません。

　問題なのは，会社が成立したらすぐに営業を開始できるように，不動産を取得したり，仕入れ・販売ルートを確保しておく等の開業準備行為です。会社法は財産引受以外の開業準備行為には何も触れていないため，発起人の権限が及ぶ範囲が問題となることがあります。

　たとえば，発起人が設立以前に，勝手に会社の宣伝をしたとしても，会社には広告費を支払う義務はありません（東洋整錬事件④）。発起人の権限をあまりにも広く解すると，資本の充実や出資者間の公平を害する危険がありますが，狭く限定しすぎても会社設立後の営業活動がスムーズに行えないおそれがあります。

会社法は無効の主張およびその効果を制限しています。

　株式会社の設立無効は，設立の登記から 2 年以内に，株主，取締役または監査役などが設立無効の訴え（会社法 828 条 1 項 1 号）を提起することによってのみ主張でき，設立無効の判決が確定しても，さかのぼって会社がなかったことになるのではなく，有効に成立した会社が解散した場合のように清算手続きをとることになります（会社法 839 条）。

　また，会社設立の準備が途中で挫折し，設立登記にまで至らなかった場合には，その会社は不成立になり，会社の設立に関して発起人の行った行為については，発起人全員が連帯責任を負います。そして，それにかかった費用はすべて発起人の負担になります（会社法 56 条）。

(3)　解散と清算手続き

　会社は自然人と異なり，永続することが原則ですが，次のような場合には解散します。まず，定款に存続期間を定めておいた場合にはその満了によって，あるいは，定款で定めた解散事由の発生によって解散します（会社法 471 条 1 号・2 号）。また，株主総会の特別決議によって，いわば自発的に解散することもできます（同条 3号，309 条 2 項 11 号）。

　10％以上の株式を持つ株主は，一定の要件のもとに，かつ「やむを得ない事由」がある場合に限り解散判決を請求できます（会社法 833 条 1 項，471 条 6 号）。株主間の不和対立などによる会社の危機的状態を打開するための手段ですが，「やむを得ない事由」の認定は判例上極めて限定されています（ただし，ランド・エース事件・

判時 1349 号 148 頁，デイ・エス商事事件�参照）。

　ことの性質上，当然に会社が解散される例として，他の会社に吸収合併された場合（会社法 471 条 4 号），および会社の破産手続開始の決定があった場合（同条 5 号）があげられます。また，国によって強制的に解散させられる場合もあり，たとえば会社の存在が公益上許されないような一定の場合には裁判所が解散を命ずることがあります（会社法 824 条 1 項，471 条 6 号）。さらに法務大臣の請求により休眠会社の整理がなされ，解散したものとみなされる場合があります（会社法 472 条）。

　会社が解散すると，その後始末としての清算手続が必要になります（会社法 475 条 1 号）。清算期間中は，清算の目的の範囲内において会社はなお存続します（会社法 476 条）。

　清算の目的は，現務の結了（事務を完了させること），債権の取立ておよび債務の弁済，残余財産の分配の 3 つであり，これらの清算事務を行うのが清算人です（会社法 481 条）。解散時の取締役がそのまま清算人になるのが原則ですが，定款または株主総会の決議で，それ以外の者を清算人に選任することも可能であり，裁判所が清算人を選任することもあります（会社法 478 条）。

　債務超過の疑いがあるような場合には，清算人は裁判所に特別清算の申し立てをしなければなりません（会社法 511 条 2 項）。清算手続終了後，清算結了の登記をすることにより会社は消滅します（会社法 929 条）。

2　組織再編

　会社は設立されたあとも様々な組織再編を行うことができます。組織再編に当たり，会社の財産を動かすのが事業譲渡，株式を動かすのが株式交換・株式移転であり，財産も株式も同時に動かすのが合併と会社分割です。

(1)　合併

　合併は，実務的にも理論的にも，最も重要な組織再編

Column

────── M＆Aと株式公開買付（TOB）──────

　M＆Aとは，2つ以上の会社組織を1つに融合する合併（204頁参照）と，他の会社を子会社化する支配株式の取得（企業買収）の双方を含む企業の組織的戦略ですが，その本質は支配権ないし経営権の移転にあります。とくに敵対的企業買収に関しては様々な問題があります（162頁参照）。

　株式公開買付は，短期間のうちに企業買収を可能とする制度で，一定の買付期間内に，新聞等による公告を通じて，同一価格で，予定数に達するまで被買収企業の株式を買い付ける申込みを行うものです。

　公開買付に関する規制（金商法27条の2以下）の主たる目的は，株主が公開買付に応じるか否かを判断するのに十分な情報の開示を保証することにより，少数株主にかかる強圧性を緩和し，株主間の公平な取り扱いを確保することです。公開買付を行う者は，内閣総理大臣に公開買付届出書を提出することによって情報開示を行わなければならず，買付期間中に公開買付以外の方法で買付を行うことは禁止されます。

であり，2つ以上の会社の法人格を融合し，権利義務関係を包括的に承継するものです。

　まず，合併を行う場合の法律上の手続きを見てみましょう。合併には吸収合併と新設合併の2種類があります。吸収合併は，存続会社が消滅会社の財産と株主を包括的に承継し，消滅会社が解散するもので，新設合併は，複数の会社がすべて解散する代わりに，それらの財産と株主をもって新たな会社を設立するものです。新設合併が利用されることは，許認可等の承継に支障が出るため，ほとんどありませんから，以下2つの会社の間で行われる吸収合併を例に合併の手続きを見ていきましょう。

　両者の間で合併を行う話し合いがまとまると，合併契約が作成されます。合併契約には，いくつかの必要的記載事項（会社法749条1項）のほかに，任意的記載（同条2項）を行うことも可能です。合併比率はとくに重要です（同条1項2号イ・3号）。合併比率とは，消滅会社株と存続会社新株の交換比率であり，本来は2つの会社の株式の価値に応じて決められるべきものです。存続会社は新株を発行して，消滅会社の株主に合併比率に応じて割り当てることになりますが，端数が出る場合には合併交付金の支払いで調整します。

　会社法において，合併等の対価柔軟化（会社法749条1項2号柱書）が行われ，従来，わが国では認められないとされてきた，消滅会社の株主に新株を割り当てずに合併交付金のみ支払う（すなわち消滅会社の株主を承継しない）キャッシュアウト・マージャーも可能になりました。また，存続会社が，存続会社の親会社の株式を，消滅会社の株主に対して交付する「三角合併」も可能に

なりました。

　次に，それぞれの会社は合併承認総会を開き，特別決議をもって先の合併契約を承認しなくてはなりません（会社法 783 条 1 項，795 条 1 項）。合併承認総会の原則 2 週間前から合併契約，合併条件算定理由，両社の合併貸借対照表・損益計算書などを各本店に備え置き，株主と会社債権者の閲覧に供する必要があります（会社法 782 条，794 条，会社法施行規則 182 条，191 条）。

　ただし，その例外として，2005 年会社法制定時に，消滅会社の規模が存続会社の規模に比して小さい場合（合併対価が存続会社の純資産額の 20%以下）に，存続会社の承認総会を原則として省略できる簡易合併手続きの範囲が拡大され（会社法 796 条 3 項），さらに，存続会社が議決権の 90%以上を所有している「特別支配会社」（会社法 468 条 1 項）の場合には，消滅会社の合併承認決議を省略でき（会社法 784 条 1 項），消滅会社が特別支配会社である場合には存続会社の合併承認決議を省略できる（会社法 796 条 1 項），略式合併の制度が新設されました。

　さらに，債権者保護手続をとります（会社法 789 条，799 条）。本来は，官報に公告し，かつ，知れている債権者には各別に催告した上，異議を述べた債権者には弁済などをする必要がありますが，会社が官報に公告をするのに加えて，定款で定めた時事に関する日刊紙による公告ないし電子公告をした時は，各別の催告は不要となり（会社法 789 条 3 項，799 条 3 項），さらに，債権者から異議があっても，合併によって債権者を害するおそれがない時は，弁済などを要しないとされています（会

社法789条5項但書, 799条5項但書)。

　会社法では, 消滅会社が発行した新株予約権の取り扱いが明らかにされました。存続会社ないし新設会社は, 新株予約権を承継することも, キャッシュアウトする(対価を金銭とする) ことも可能であり (会社法749条1項4号・5号, 753条1項10号・11号), 新株予約権者が条件に不満な場合には, 買取請求をすることができます (会社法787条, 788条, 808条, 809条)。

　また, 反対株主に対して株式買取請求権が与えられ, 会社に対して「公正な価格」で株式の買取を請求できます (会社法785条1項, 797条1項)。行使期間は合併の効力発生日の前20日間で, 勝手に撤回できないことになりました (会社法785条7項, 797条7項)。その実効性確保のため, 2014年改正において, 反対株主は, 振替株式の買取請求を行うと同時に, 買取口座を振替先口座とする振替の申請をしなければならないとされました (社債株式振替法155条3項)。

　合併契約で定められた効力発生日 (会社法749条1項6号) において, 存続会社は消滅会社の財産を包括的に承継し, 消滅会社の株主に存続会社の株式を割り当てるか, 金銭その他の対価を支払います。株式を発行する場合には, 存続会社の資本金は増加することになります。

　合併の効力発生日は合併契約で定めることになり (会社法749条1項6号), 吸収合併の登記は効力発生要件ではなく, 消滅会社解散の第三者対抗要件になりました (会社法750条2項)。消滅会社の権利義務は包括的に存続会社に移転しますから, 消滅会社は清算手続きをとる必要はありません。存続会社は, 効力発生日後遅滞なく

Column

———————— 株式買取請求権 ————————

　合併，事業譲渡，株式交換，株式移転，株式譲渡制限を定める定款変更，およびキャッシュアウトがなされた場合に，株主総会前に会社に対して書面で反対の意思を通知し，総会で決議に反対した株主などは，会社に対して持株を買い取るよう請求することができます（会社法469条，785条，797条，806条，116条）。買取価格の算定基準に関して2005年に重要な改正があり，それによって，株式買取請求権制度は，単なる損害塡補の制度から，将来の得べかりし利益をも保証する制度になったと解されています。

　ただし，会社が株式を買い取る際の「公正な価格」の認定は，上場会社においても非上場会社においても困難な問題です。上場株式については，組織再編等によって企業価値の増加が生じない場合には，組織再編等がなかった場合の価格（ナカリセバ価格，市場株価を採用することが多い）とし（楽天対TBS事件㉔，インテリジェンス事件・判時2120号126頁），企業価値の増加が生じる場合には，当事者の関係に着目し，独立の当事者間で行われる場合には，特段の事情がない限り，当事者が合意した条件による価格（取引価格）とし（テクモ事件㉕，MBO（220頁参照）や親子会社間の組織再編のような当事者間に利益相反がある場合には，公正性担保措置（例えば，社外役員からなる特別委員会の設置や専門家による株価算定書の取得など）の実効性に着目し，実効性がある場合には，独立の当事者間で行われる場合と同様の取扱いとしています（ジュピターテレコム事件㉖）。

　また，2014年の会社法改正において価格決定前の支払制度（182条の5第52項）が導入されたことにより，原告株主が遅延利息を得ることができなくなりました。

事後の開示をしなくてはなりませんが（会社法 801 条 1 項・3 項），これは，次に述べる合併無効の訴えを提起する機会を与えるためのものです。

合併手続きに違法な点があれば無効原因となりますが，合併無効の主張は合併無効の訴えによらなければならず，その原告となれる者，出訴期間が限定されており，また，合併無効原因も狭く解釈されています（合併比率の不公正は合併無効事由とならないとされた，三井物産事件(89)参照。ただし，合併契約の錯誤無効を理由として合併無効の判決がなされた，サンジェム事件・金判 1294 号 60 頁参照）。合併無効の判決は第三者に対しても効力を持ちますが，遡及効はなく，合体した会社を分割することになります（会社法 828 条 1 項 7 号，838 条，839 条，843 条）。

2014 年改正において，合併の差止請求の制度が設けられました。合併の法令・定款違反（会社法 784 条の 2 第 1 号，796 条の 2 第 1 号，805 条の 2）および略式合併における合併条件の著しい不当（784 条の 2 第 2 号，796 条の 2 第 2 号）がある場合で，消滅会社または存続会社の株主が不利益を受けるおそれがある時には，株主は合併の差止を請求できるようになりました。

後者は，従属会社の合併承認決議が行われない略式合併において，特別支配株主の議決権行使にもとづく決議の瑕疵（831 条 1 項 3 号）を差止の理由にできないことに配慮した規定です。

⑵　事業譲渡

合併のように株主や財産の包括承継を行うことなく，

同様の経済的効果を得る方法に，事業譲渡（会社法467条1項）があります。事業の全部（同条同項1号）または重要な一部の譲渡（同条同項2号）を行う会社，および他の会社の事業全部を譲り受ける会社（同条同項3号）は，それぞれ株主総会の特別決議が必要です。合併の場合と同様，簡易事業譲渡・譲受（会社法467条1項2号，468条2項）および略式事業譲渡・譲受（会社法468条1項）の制度が設けられています。やはり合併の場合と同様，それに反対する株主は株式買取請求権を行使できます（会社法469条）。

　事業譲渡に関しては，「事業」とは何かということが最大の問題となります。取締役会決議をもって行うことができる重要な財産の処分および譲り受け（会社法362条4項1号）と，株主総会の特別決議を要求される事業譲渡または譲り受けとの違いです。

　判例は，商法総則・会社法総則に規定されている営業譲渡・事業譲渡と同様に解し，得意先関係なども含めた譲渡であり，譲り渡し会社が競業避止義務（商法16条，会社法21条）を負うものに限る，と解しています（富士林産工業事件⑧）。

　その一方，学説は，株主総会の特別決議を要する事業譲渡は，会社の基礎的変更に際して株主保護が必要となるかどうかという観点から判断されるべきであり，必ずしも競業避止義務を生じさせるものに限定する必要はないが，いかに重要な財産であったとしても個別資産の譲渡まで含めるのは行きすぎであり，有機的一体性のある組織的財産であることが必要であると解しています。

　また，親会社が子会社（会社法2条3号，会社法施行

規則3条1項・3項）の支配権を他に譲り渡す行為は，実質的に事業譲渡と等しいので，2014年改正において，譲渡対象である株式の帳簿価額が親会社の総資産額の20％を超え，かつ，親会社が子会社の議決権の過半数を有しない結果となる時は，事業譲渡と同様，株主総会の特別決議を必要とし（会社法467条1項2号の2，309条2項11号），反対株主には株式買取請求権が認められることになりました（469条）。

(3) 会社分割・分社

　合併が，独立した法人格を有する2つの会社を1つの会社に融合することであったのに対し，会社分割は，1つの会社を2つ以上の独立した法人格を有する会社に分けることです。狭義の会社分割（人的分割）は，旧来の株主に分割された各会社の株式を分配することによって，分割後の会社の間に支配従属関係を残しませんが，いわゆる分社（物的分割）は，株主に対する株式の分配を行わず，親子会社関係を作るものです。

　狭義の会社分割は，アメリカでは，子会社の設立および事業譲渡に引き続き，親会社の株主へ子会社株式を分配することによって行われています。株式の分配を配当として行うものをスピンオフ，親会社を減資して行うものをスプリットオフ，親会社を解散して行うものをスプリットアップと呼びます。

　会社分割は，さらに分割後の各社に対する株主の持分割合を変えないもの（按分比例型）と，変えるもの（非按分比例型）とに分かれます。前者は，従来の事業部ないし子会社を，直接，株式市場のモニタリングにさらす

ことによる効率性アップ，ひいては株価の上昇を狙って用いられることが多く，後者は，同族会社の内紛処理などに利用することが可能です（たとえば，旧会社の事業を2つの会社に分割して，対立する2人の株主が会社を1つずつ取得すること）。

　わが国においても，以上のような一連の手続きによって狭義の会社分割を行うことは可能ですが，配当や減資差益の分配を子会社株式という現物で行ってよいかどうかが必ずしも明らかではなく，また，アメリカのように課税の繰り延べ措置もとられていなかったため，ほとんど用いられませんでした。

　2000年商法改正によって，新会社の設立と事業（営業）譲渡を一つの手続きで行う新設分割の制度が設けられました。新会社の株式を元の会社に割り当てて親子会社とする物的分割（分社型）と，元の会社の株主に割り当てて両社の資本関係をなくす人的分割（分割型）があり，新設分割と吸収合併を同一手続きで行うための吸収分割の制度も設けられました。一連の手続きを一つの組織法的行為として構成することにより，一回の株主総会特別決議のみで，現物出資に要する検査役調査もなしに行うことができるところにメリットがあります。

　会社法では，事業に関して有する権利義務を分割して既存の他の会社に承継させることを吸収分割，設立する会社に承継させることを新設分割と定義しました（会社法2条29号・30号）。これは，必ずしも事業譲渡を伴う必要がなく，単なる資産の承継で足りるとしたものです。また，人的分割の規定がなくなり，従来の人的分割は，物的分割と剰余金の配当の組み合わせという，アメ

リカでスピン・オフといわれるものと同じ構成をとることになりました。分割会社の株主に対して，分割の効力発生日に，承継会社ないし新設会社の株式を交付するに際しては，剰余金の配当にかかる財源規制は課されませんが（会社法792条，812条），債権者異議手続きが要求されています（会社法789条1項2号，810条1項2号）。

　会社分割は，合併や減資に比して，分割条件次第で実質的に債権者を害する可能性が高いため（会社分割が詐害行為に当たるとして取消された，クレープハウス・ユニ事件・金判1355号42頁，清水事件⑨参照），より厳格な債権者異議手続きが定められています。

Column

——— 企業グループと持株会社 ———

　事業部，完全子会社，少数株主のいる子会社，さらには上場子会社は，同じ企業活動を行うとしても親会社にとっての意味が異なります。かつては分社化（子会社化）の方向が盛んでしたが，最近では，重要な上場子会社の完全子会社化，さらに，子会社合併の動きも目立っています。コングロマリット企業を企画・モニタリング機能に特化した純粋持株会社の下に再編する試みもあります。将来は，会社分割による事業部門の完全な切り離しもありえます。独立した会社同士が統合する際の選択肢として，合併だけでなく，持株会社の共同設立も利用されています。

　企業にとっては様々な選択肢がありますが，子会社ないし事業部の自主性の尊重と企業グループ全体の規模の利益をいかに調和させるかが共通の課題です。企業グループ全体を一つの会社と見て，経営成績を開示させる連結決算が重要性を増しています（180頁参照）。

　不法行為債権者に対しては，日刊新聞紙による公告ないし電子公告を行っても，各別の催告を省略できず（会社法789条3項括弧書，810条3項括弧書），各別の催告を受けなかった債権者は他方の会社に対して，一定の限度で履行の請求をすることができます（会社法759条2項・3項，764条2項・3項）。

　さらに，2014年改正において，濫用的分割に対して，詐害行為取消権（民法424条）類似の残存債権者保護制度が設けられました（会社法759条4項〜7項，761条4項〜7項，764条4項〜7項）。労働契約の承継のための手続きが必要なことも（会社の分割に伴う労働契約の承継等に関する法律），会社分割の特色です（日本アイ・ビー・エム事件[92]）。その他の手続きなどは，合併とほぼパラレルになっています。

(4)　株式交換・株式交付・株式移転

　1997年の独占禁止法改正により，純粋持株会社の設立が可能になりました（独禁法9条）。それに伴い，持株会社の設立を円滑に行うための会社法上の手当てが求められ，1999年商法改正により，完全親会社（子会社の100％の株式を保有）（A会社）を創設するための，言い換えれば，既存の株式会社（B会社）を完全子会社（少数株主が存在しない）とするための新たな組織法的行為として，株式交換と株式移転の規定が新設されました。B会社の株主はその有する全株式をA会社に移転し，その代わりにA会社が（株式交換の場合には新株として，株式移転の場合には設立時に）発行する株式を取得します。

株式交換は，既存の2つの会社の一方が完全親会社に，他方が完全子会社になるための制度です（会社法2条31号，767条）。

　株式交換は，第1に，少数株主が存在する子会社の完全子会社化（子会社の少数株主を親会社の株主にする）の手段として用いることができます。企業グループ全体の利益と子会社少数株主の利益が対立する場合に，子会社少数株主を排除して，自由な企業グループ経営を行うニーズがあります。

　第2に，友好的企業買収の手段として用いることもできます。株式取得による企業買収と比較して，買収資金を必要としない，税法上，譲渡側の譲渡益の実現を遅らせることができる，公開買付手続を要しないなどのメリットがあります。

　株式交換の手続きは，吸収合併とほぼパラレルに定められています（会社法782条1項，794条）。両会社の株主総会の特別決議により株式交換契約が承認されると（会社法783条，795条），効力発生日に子会社株主の持株は親会社に移転し，同時に子会社株主は，株式交換契約で定められた交換比率にもとづき，親会社株式を取得して親会社株主となります（会社法769条）。反対株主に対しても強制的に株式交換を行うことができる点に特色がありますが，反対株主（親会社の株主も）には株式買取請求権が与えられます（会社法785条，797条）。

　株式交換は，子会社株式の現物出資に対する新株発行と見ることもできますが，検査役の調査は要求されず，また，合併と比べても，原則として，債権者保護手続を要しないなど，従来に比して，手続きが容易になってい

ます。ただし，会社法では，対価柔軟化が行われたこととの関係で，金銭などが交付される場合（および新株予約権付社債の引き継ぎが行われる場合）には，債権者異議の手続きが必要になりました（会社法 799 条 1 項 3 号）。新株予約権付社債の承継が認められたことに伴い，子会社になる会社の新株予約権付社債権者にも債権者異議手続きが必要となりました（会社法 789 条 1 項 3 号）。

　株式交換は完全子会社化の場合に限られますが，2019 年会社法改正において，他の会社の株式の過半数を取得する場合に，自社の株式を他の会社の株主に交付することができる株式交付が，組織再編の 1 類型として設けられました（会社法 2 条 32 号の 2，774 条の 2～11，816 条の 2～10）。ただし，外国会社を買収するためには利用できません。

　株式移転は，新たに完全親会社を設立するための制度で（会社法 2 条 32 号），既存会社の株主がそのまま新しい完全親会社の株主になります。純粋持株会社の設立に適した制度で，複数の会社が共通の持株会社を設立するために用いることも可能です。株式の現物出資による新会社の設立と見ることもできますが，新設合併類似の組織法的行為として構成されています（会社法 803 条以下）。既存会社の株主総会決議のみで行うことができ，完全親会社の設立にも発起人を必要としません。

(5)　親子会社法制

　親会社の経営陣は，子会社の経営陣に対して，何ら法的な指揮命令権限を持っていませんが，資本多数決の原則にもとづき，意向に沿わない子会社の経営陣を取り替

えることができますから，事実上の指揮命令権限を持っているといえます。ところが，親会社の株主は，子会社の経営を直接モニターすることができず，その意味で，子会社は，親会社の株主にとってブラック・ボックスになっていることが従来から指摘されていました（なお，親会社の株主が子会社管理における親会社取締役の会社に対する責任を追及した，福岡魚市場事件⑤）。株式交

Column

―――――― 組織再編税制の影響 ――――――

　会社法上は様々な組織再編が可能ですが，実務上，実際に行うことが可能な組織再編は税法によって限定されています。税法上，合併などの組織再編は，それまで課税が繰り延べられてきた含み益が実現する課税イベントですが，そこで原則通り課税してしまうと，経済効率的な組織再編を阻害してしまうため，多くの国の税法は，「適格組織再編」に該当する場合には，課税繰延を認めています。株主に大きな課税負担を強いる組織再編を行うことは困難ですので，事実上，実行可能な組織再編は適格組織再編に限られます。

　国によって，何を適格組織再編の要件とするかは異なりますが，わが国の適格要件には合理性に欠けると指摘されているものが少なくありません。

　たとえば，従業員引継要件や役員引継要件も，経営効率化のためのM＆Aを行うインセンティブを阻害している可能性があります。かつては，完全親子会社関係を作る物的会社分割は適格組織再編でも，完全に別会社となる人的会社分割は非適格でしたので，アメリカで株主利益向上のために行われるスピンオフは事実上実行不能でしたが，2017年に適格組織再編となり，2019年にはその実行例も現れました。

換・株式移転制度によって親子会社関係の形成が容易に
なることに伴い，1999 年商法改正において，親子会社

Column

── 親子上場 ──

　親会社も子会社もともに上場企業である親子上場は，
企業グループ設計の一つの選択肢として，わが国におい
て広く用いられ，上場子会社は，上場会社の 15％程度
を占めていました。アメリカでも，エクイティ・カーブ
アウトと呼ばれる親子上場が行われていますが，それは，
完全スピンオフか，完全子会社化を行う前に株式市場の
反応を見る過渡的な状況であることが一般です。これに
対して，わが国の親子上場は長期安定的な状態であると
ころに特色があります。

　親子上場のコストとして，親会社が，子会社に対する
支配権を行使して，子会社の少数株主から親会社へ利益
を移転させる可能性があるという利益相反問題が指摘さ
れています。他方，親会社が権限委譲を明確にコミット
して，子会社経営陣のインセンティブを高めることがで
きる点，内部情報を有する親会社によるモニタリングと
株式市場のモニタリングの相乗効果を期待できる点，完
全なスピンオフと異なり，企業グループ全体のシナジー
の利益を得られる点，資金調達手段として合理性がある
点など，企業グループ設計の選択肢として多くのベネフ
ィットがあります。2019 年に，親会社が上場子会社の
社外取締役の再任を拒絶した事例を契機に親子上場批判
が高まり，支配株主から独立した社外取締役の一定数以
上の選任など少数株主保護のための厳格な統治体制が求
められるようになった影響により，親子上場の解消の動
きが進んでいます。2023 年には上場会社の 5％程度ま
で減少しました。

法制の整備が図られました。

　第1に，親会社株主が，裁判所の許可を得て，子会社に関する情報を直接収集する道が開けました。単独株主権として子会社の定款，株主総会議事録，取締役会議事録，株主名簿，計算書類，新株予約権原簿，社債原簿の閲覧権が，少数株主権として，子会社の会計帳簿の閲覧権が認められました（会社法 31 条 3 項，318 条 5 項，371 条 5 項，125 条 4 項，442 条 4 項，252 条 4 項，684 条 4 項，433 条 3 項）。

　第2に，親会社監査役などの子会社調査権が強化されました。親会社監査役は，子会社に事業の報告を求めることなく，直ちにその業務財産の状況を調査できるようになりました（会社法 381 条 3 項，374 条 3 項，405 条 2 項）。会計監査人にも同様の規定が置かれ（会社法 396 条 3 項），親会社検査役（検査役選任申立の持株要件が 3％に引き下げられました）に子会社の業務財産状況の調査権が与えられました（会社法 358 条 4 項）。

　さらに，2014 年改正において，一定の場合に親会社株主が子会社の取締役等に対する代表訴訟を提起できる，いわゆる多重代表訴訟制度（86 頁参照），および，一定規模以上の子会社の支配権譲渡に対する事業譲渡並びの規制（209 頁参照）が導入されるなど，親会社株主保護の強化が図られました。

(6)　キャッシュアウト （フリーズアウト）

　支配株主が現金を支払うことによって少数株主を強制的に締め出すことを可能にする実務的必要性が広く認められるようになってきましたが，同時に締め出される少

数株主の保護が適切に行われる必要があります。

　その典型的な例として，MBO（220 頁参照）や上場子会社の完全子会社化（213 頁参照）があります。いずれも，非公開化と少数株主の締出しの 2 つの行為が相次いで行われるものです。

　非公開化に伴い，少数株主は証券市場を通じて退出する道を閉ざされるという不利益を受けますが，非公開化の手続き等に関して，会社法上は何らの手当てもなされていません。ただし，ほとんどの場合，株式公開買付（203 頁参照）が行われますし，金融商品取引法も，3 分の 2 以上の株式を取得する者に全部買付義務を課して（147 頁参照），一定のエグジットを保証しています。また，非公開化に際しては，ほぼ例外なく，少数株式を強制的に買い取るキャッシュアウトが行われます。

　MBO にしても，完全子会社化にしても，それぞれ買主となる，経営者，親会社の利益相反の問題があり，事前の公正な手続きとして何を求めるべきか，事後の救済としての株式買取請求において「公正な価格」をいかに算定すべきかについて争いがあり，いくつかの判例が出ています（207 頁参照）。

　キャッシュアウトの手法として，全部取得条項付種類株式（会社法 108 条 1 項 7 号），株式併合（端数処理に関して，会社法 235 条），現金対価組織再編（会社法 749 条 1 項 2 号・3 号）が利用可能ですが，株主総会の特別決議が必要です。

　2014 年改正において，より端的なキャッシュアウトの手法として，90％以上の議決権を取得している特別支配株主による株式等売渡請求の制度が導入され（会社法

179 条），取締役会決議のみで特別支配株主が少数株主の株式を強制的に取得できるようになりました。

同時に，従来のキャッシュアウトの手法にも同様の規制を施すべく，事前・事後の情報開示（全部取得条項付株式に関して 171 条の 2，173 条の 2，株式併合に関して 182 条の 2，182 条の 6），差止請求権（全部取得条項付種類株式に関して 171 条の 3，株式併合に関して 182

Ｃｏｌｕｍｎ

── MBO（マネジメント・バイアウト）──

企業の組織再編の仕組みとして MBO（マネジメント・バイアウト）があります。旧株主をキャッシュアウトして，経営者とバイアウト・ファンドが新たな株主となる組織再編で，多くの場合，被買収会社の資産や将来のキャッシュ・フローを担保として銀行融資を受ける LBO（レバレッジド・バイアウト）と呼ばれる借り入れに依存する手法が用いられます。公開買付による非公開化が行われた後に，全部取得条項付種類株式の全部の取得や株式併合によるキャッシュアウトが行われるのが一般的です。

MBO は，非公開化によって上場コストを削減し，抜本的な経営戦略の転換を可能にするなど，企業価値を高める経済合理的な手段であることが認められていますが，経営者が買主と売主（現在の株主）の代理人を兼ねることによる構造的利益相反問題と，買主と売主の間の情報の非対称性の問題があります（レックス・ホールディングス損害賠償請求事件㊾参照）。このような問題に対処し，一般株主の利益を確保するため，経済産業省は公正な手続きに関するガイドラインを示しました（「MBO指針」(2007)，「M&A 指針」(2019)）。

条の 3，組織再編に関して 784 条の 2，796 条の 2，805
条の 2），および反対株主の株式買取請求権ないし価格
決定申立ての制度（株式併合に関して 182 条の 4，182
条の 5 第 2 項）が整備されました。

　議決権の 90% 以上を有する「特別支配株主」（会社法
179 条 1 項）は，他の株主全員に対し，その有するすべ
ての株式を自らに売り渡すことを請求できます。会社が
買い取るのではなく，少数株主の有する株式が特別支配
株主に直接移転します。取締役会の承認が必要ですが，
株主総会決議は必要ありません。取締役会は，少数株主
の利益に配慮して，売り渡し条件が適正か否かの判断を
行うことが期待されています。

　取締役会の承認後，会社は売渡株主に対する通知また
は公告（会社法 179 条の 4 第 1 項・2 項）・事前情報開
示（179 条の 5）を行い，特別支配株主は取得日（179
条の 2 第 1 項 5 号）に売渡株式の全部を取得します（179
条の 9 第 1 項）。取得日後の情報開示も必要です（179
条の 10）。

　対価に不満のある売渡株主は裁判所に対し，売買価格
の決定の申立てを行うことができ（179 条の 8 第 1 項），
さらに，取得の差止（179 条の 7），取得の無効の訴え
（846 条の 2 〜 9）の制度も導入されました。

本書に関連する筆者の著作

『上場会社法』（共著）弘文堂

『動機付けの仕組としての企業』有斐閣

『法と経済学』（共著）有斐閣

「非公開株式の評価再再論」『商事法務』2370 号，2371 号

「東京機械製作所事件が提起した問題と新 J-Pill の提案」『商事法務』2298 号

「モニタリング・ボード再考——内部ガバナンスと外部ガバナンスの補完性の観点から」〔江頭憲治郎先生古稀記念『企業法の進路』（有斐閣）所収〕

「匿名組合再考」〔石川正先生古稀記念『経済社会と法の役割』（商事法務）所収〕

「ベンチャー企業とベンチャー・キャピタル」〔『株式会社法体系』江頭憲治郎編（有斐閣）所収〕

「合同会社の退社員の持分評価—譲渡制限株式の評価との比較」〔青竹正一先生古稀記念『企業法の現在』（信山社）所収〕

「合弁合同会社」〔前田重行先生古稀記念『企業法・金融法の新潮流』（商事法務）所収〕

「親子上場をめぐる議論に対する問題提起」（共著）『商事法務』（1898〜1900 号）

「会社支配権と私的財産権：第三者割当増資再論」〔江頭憲治郎先生還暦記念『企業法の理論』（商事法務）所収〕

「定款自治の範囲の拡大と明確化」『商事法務』（1775 号）

「持分会社」『ジュリスト』（1295 号）

「会社における利益相反関係」『法学教室』（139 号）

「非公開株式の評価再論」〔平出慶道先生還暦記念『現代企業と法』所収〕

索　引

著者略歴

宍戸　善一（ししど・ぜんいち）

武蔵野大学法学部教授，一橋大学名誉教授，弁護士，法学博士
1956年　福島県生まれ
1980年　東京大学法学部卒業，同年同学部助手
1985年　カリフォルニア大学バークレー校ロー・スクール客員研究員，
　成蹊大学法科大学院教授，一橋大学大学院法学研究科教授を経て現職
　コロンビア大学ロー・スクール客員教授，カリフォルニア大学バークレー
　校ロー・スクール客員教授，ハーバード大学ロー・スクール客員教授，
　デューク大学ロー・スクール客員教授等を歴任
主　著　『動機付けの仕組としての企業』（有斐閣）
　　　　『法と経済学』（共著，有斐閣）
　　　　『公開会社法を問う』（共著，日本経済新聞出版社）
　　　　『ベンチャー企業の法務・財務戦略』（共編著，商事法務）
　　　　『「企業法」改革の論理』（編著，日本経済新聞出版社）
　　　　『ジョイント・ベンチャー戦略大全』（共著，東洋経済新報社）
　　　　『コーポレート・ガバナンス改革の提言』（共編著，商事法務）
　　　　『スタートアップ投資契約』（共編著，商事法務）
　　　　『上場会社法』（共著，弘文堂）

日経文庫 1422

ベーシック会社法入門

1991年7月10日　1版1刷
2020年4月8日　8版1刷
2024年9月9日　　　3刷

著　者　　宍戸 善一

発行者　　中川 ヒロミ

発　行　　**株式会社日経BP**
　　　　　日本経済新聞出版

発　売　　**株式会社日経BPマーケティング**
　　　　　〒105-8308　東京都港区虎ノ門4-3-12

装幀　　　next door design
印刷・製本　三松堂

©Zenichi Shishido, 1991　ISBN978-4-532-11422-0
Printed in Japan